中华爱国人物故事

ZHONGHUA AIGUO RENWU GUSHI

中华书圣王羲之

冯 吉 李凤村 编著

吉林人民出版社

图书在版编目(CIP)数据

中华书圣王羲之 / 冯吉, 李凤村编著 . -- 长春 : 吉林人民出版社, 2011.5

(中华爱国人物故事)

ISBN 978-7-206-07868-2

Ⅰ. ①中… Ⅱ. ①冯… ②李… Ⅲ. ①王羲之(303~361) - 生平事迹 Ⅳ. ①K825.72

中国版本图书馆 CIP 数据核字(2011)第075735号

中华书圣王羲之

ZHONGHUA SHUSHENG WANG XIZHI

编　　著：冯　吉　李凤村

责任编辑：孙　一　程世博　　　封面设计：七　洱

吉林人民出版社出版 发行（长春市人民大街7548号　邮政编码：130022）

印　　刷：鸿鹄(唐山)印务有限公司

开　　本：670mm×950mm　　1/16

印　　张：8　　　　字　　数：70千字

标准书号：ISBN 978-7-206-07868-2

版　　次：2011年5月第1版　　印　　次：2023年6月第4次印刷

定　　价：35.00元

总　序

胡维革

《中华爱国人物故事》是一套故事丛书。它汇集了我国历史上80位古圣先贤、民族英雄、志士仁人、革命领袖、先进模范人物的生动感人史迹，表现了作为中华民族优秀传统的伟大的爱国主义精神。

爱国主义是人们对于“生于斯、长于斯、衣食于斯”的祖国的一种神圣感情，是人们对于自己民族的一种强烈的责任感和使命感，是感召和激励整个中华民族的一面永不褪色的旗帜。在漫长的历史上，爱国主义一直激励着中华儿女为祖国的独立、统一、进步和繁荣而英勇奋斗。从伟大的思想家教育家孔子到统一全国的千古一帝秦始皇，从秉笔直书著《史记》的司马

迁到鞠躬尽瘁死而后已的诸葛亮，从伟大的浪漫主义诗人李白到精忠报国的民族英雄岳飞，从七下西洋传播友谊的郑和到抗击倭寇的民族英雄戚继光，从苟利国家生死以的林则徐到为变法流血的第一人谭嗣同，从威震敌胆的抗联将军杨靖宇到人民音乐家聂耳与冼星海，从踏遍青山人未老的李四光到万婴之母林巧稚，从县委书记的好榜样焦裕禄到情系雪域献身高原的孔繁森……都表现出了强烈的爱国主义精神。正是由于热爱祖国的人们前仆后继地奋斗，国家和民族才得以生存，历经一次次历史危急关头而能转危为安，走向兴盛和富强，从而屹立于世界民族之林。爱国主义是鼓舞中华儿女历经忧患、跨越沧桑、百折不挠、自强不息的伟大力量，它贯穿于中华民族的整个历史，并有力地凝聚着五洲四海的中国人。

爱国主义是一个历史的范畴，在社会发展的不同阶段、不同时期有着不同的具体内容。革命时期，需要我们为祖国的独立自主出生入死；建设时期，需要我们为祖国的繁荣富强增砖添瓦；在全国各族人民团结一心建设富强、民主、文明、和谐的社会主义现代化国家的今天，我们要争做一名新时期的爱国者。新时期的爱国者要有强烈的民族自尊心和自豪感。民族自尊心和自豪感是任何时期任何爱国者都必须具备的情感。民族自尊心能增强我们自立向上的恒心，民族自豪感能树立我们建设祖国的信心。要树立“祖国高于一切”的崇高信念，为了祖国和人民的利益不惜抛却个人的利益，甚至不惜牺牲个人的生命。要树立终身学习的理念，拓

宽自己的知识面，广泛吸收新知识新技术，完善自身的知识结构，更新学习知识的方法与理念，从思想上、知识上充分武装自己，为祖国的繁荣昌盛贡献力量。

爱国主义思想的继承和发扬，是关系到民族盛衰、国家兴亡的根本问题。一代代人爱国主义思想情操的形成，需要不断地培养。培养爱国主义的一个重要途径是向爱国主义的英雄人物和典范事迹学习。这套丛书的出版，对于人们向英雄和先进人物学习，特别是对于在中小学生中进行爱国主义教育，将可提供一些生动的教材。祝愿此书出版发行成功，为培养“四有”新人做出贡献。

于2011年4月23日

世界读书日

编　委　会

○目录
CONTENTS

目录
CONTENTS

卫夫人教学书

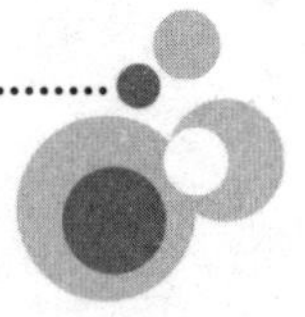

山东这个地方，真正是人杰地灵。被尊为“五岳之长”的泰山在这里崛起，孕育华夏民族的黄河在这里入海。早在春秋战国时期，这里就哺育出孔子、孙子两位

孔子画像

孙子画像

文、武“圣人”，紧接着，又诞生了一位书法“圣人”——王羲之。

王羲之，字逸少，小名吾菟，公元303年出生于琅琊临沂(现在为山东省临沂市)。西晋末年，大约在王羲之9岁时，王氏家族为避战乱离开山东，迁往江南居住。

王羲之出生于官宦世家，名门望族。五世祖王吉，曾为汉谏议大夫；曾祖王览，西晋时官至光禄大夫；族伯王戎，为“竹林七贤”之一，官至司徒；另一族伯王衍，历任司空、司徒、太尉等职，是“朝中数一数二的头面人物”。父亲王旷，曾任丹阳和淮南太守；从伯王导，官做到丞相；族伯王敦，官做到中书监、广武将军，握有兵权。

竹林七贤

王羲之也是出生于“书法世家”，书香门第。他的父亲王旷、母亲郗濬、伯父王导、叔父王廙，还有堂兄王恬、王洽等，都是晋代著名的书法家。王羲之一出生，就生活在一种酷爱书法、视书法为瑰宝的浓厚氛围中。伯父王导的楷书写得特别好，在书学史上地位很高。王导学钟繇、卫恒的字，平时百看不厌，即使遇到兵荒马乱仓皇出走时，还要把钟繇的《尚书宣示帖》藏在衣带中带走。叔父王廙的书、画水平也很高，善写章草、楷书，后人评价很高。那年逢战乱南下时，王廙把章草大家索靖书写的《七月廿六日帖》一层一层折叠起来缝在衣服里带走。王羲之的幼年时代，正是在这种气氛中度过的。

父亲王旷对王羲之从小教育很严。当王羲之7岁的时候，王旷先让他跟叔父王廙学习书法，不久，又让他拜卫夫人为老师。

王戎画像

卫夫人名铄，字茂猗，曾祖父、祖父、叔父都是名书法家。卫夫人直接受到西晋书法大家、叔父卫恒的教诲，是当时著名的女书法家，写出的字极为妍媚，后人评论她的书法“如插花舞女，低昂美容，又如美女登台，仙娥弄影，红莲映水，碧海浮霞。”卫夫人还善于书法理论研究，善于总结自己的书法创作经验。流传至今的我国较早的一篇书法理论著作《笔阵图》，就是她写的。卫夫人还是王旷的表亲，十分喜欢王羲之。

王羲之对书法怀有浓厚的兴趣，向老师学习书法自然非常认真。卫夫人告诉他，写字好比造房子，字的基本笔划就是字的建筑材料。要把字练好，就要把点、横、竖、撇、捺、提、钩等基本笔划练好，才能把基本功练得扎扎实实。卫夫人又手把手地教他轻、重、提、顿、转、折、起、收的基本笔势，以及藏、露、中、侧、回、逆等运笔的方法。小羲之认认真真地听讲，认认真真地练字，有时身体不太舒服，但也要坚持把字练完，作业完成后才回房休息。

当王羲之练字有了初步基础时，卫夫人又教他正确的执笔姿势和执笔方法，教他掌握由上到下，从左到右，自外而内，先入后关等基本笔顺；接着又教他上下、左右、内外等字形结构。卫夫人对他说："写小楷，要枕腕用指力；写中楷，要提腕用腕力；写大楷，就要悬腕用肘力。字的大小不同，用力也不同。同时，还要琢磨字的重心所在，使字站稳放正，有一个最基本的规格。"

在老师卫夫人的悉心指导下，小羲之努力学习写字

王羲之临钟繇《尚书宣示帖》碑刻

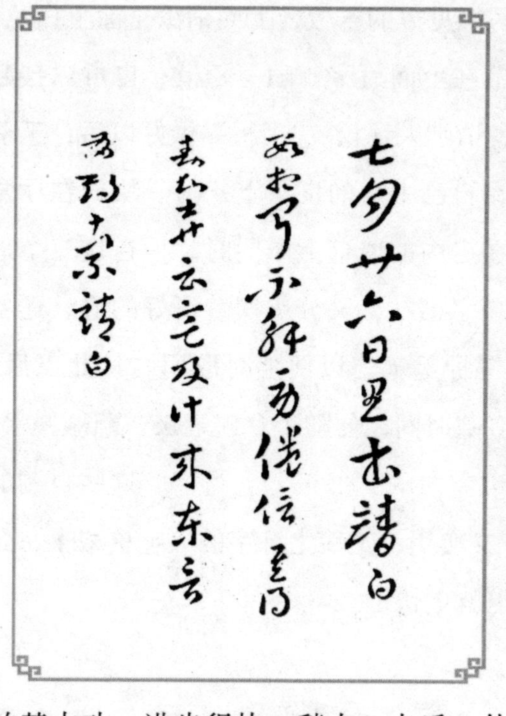

七月二十六日帖　西晋索靖

的基本功，进步很快。稍大一点后，他经常在自己的衣襟上用手指划字、练字；有时睡觉了，刚躺下，他也伸出手指在被子上面用手指划着练字。时间长了，他的衣襟上渐渐显出指痕来，被子也渐渐地被划破。那时候，我国纸张刚发明不久，写字用的纸帛价值昂贵。王羲之的母亲见他写字着了迷，就对他说：“羲之呀，你是否可以弄一块板来练字呢?”羲之就把母亲的话对老师卫夫人说了。卫夫人听了后说：“古人就有用‘书板’写字的方法，不是可以试试吗?”王羲之就要求父亲做一块“书板”。父亲听了，觉得很好，就请木工做了3块“书板”。

“书板”是两尺见方的木板，上面请漆工涂上白色，可以平放着用毛笔在上面写字，随写随揩；也可以挂起来让自己看，或者请别人评议。“书板”做好以后，王羲之把其中一块放在自己书房的桌子上，另一块放在厅堂边，还有一块挂在房内的墙壁上。同时，他在这三个地方分别放着当代名家书帖，又分头摆着研好的墨，还备着大、中、小楷三种毛笔，以便随时取用。从此以后，王羲之只要一有空隙时间，便随手拿起笔来，蘸蘸墨水，对照字帖，在光洁雪白的“书板”上写字。这些自制的“书板”既经济，又实用，王羲之练字的兴趣更浓了，劲头更足了，进步也就更快了。

蔡　邕

到了12岁那年，王羲之已经学得了老师卫夫人书法艺术的精髓，写出的字与卫夫人写得很像，几乎到了可以乱真的地步。有时候，连卫夫人也分辨不出哪张是自己写的、哪张是小羲之写的了。有一天，一个偶然的机会，王羲之发现父亲的枕头里有一本书。他好奇地拿出来一看，原来是前代大书法家蔡邕写的书法论著《笔论》。他随手翻开书一看，只见上面写着：

蔡邕书法真迹

> 书者，散也。……为书之体，须入其形，若坐若行，若飞若动，若往若来，若卧若起，若愁若喜，若虫食木叶，若利剑长戈，若强弓硬矢，若水火，若云雾，若日月；纵横有可像者，方得谓之书矣。……

蔡邕在这里给书法作了两条规定，一条是“散”，一条是“为书之体，须入其形”。“散”的意思是自己不拘束自己，也就是说，书写的时候要进入一种抒情的状态，自由自在地表达和抒发自己的心绪情感。“须入其形”的意思是，必须把人或者自然中的某种形态化入到字的形体中去，也就是说，每一个字或者笔画似乎都成了有生命的个体，都寄寓着书写人那丰富的感情。

小羲之虽然没有完全看懂，但是其中的很多意思是领会了，觉得蔡邕讲得非常好，就如饥似渴地读了起来。后来，王羲之偷读《笔论》的事情被父母发觉了。母亲对他说：“你的岁数太小了，许多事情还不懂，像《笔论》这样深奥的书是理解不了的，还是不要看吧。”父亲

蔡邕笔论一则

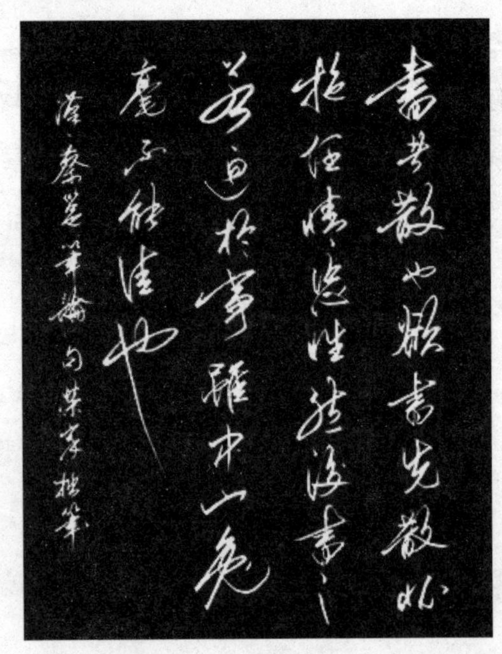

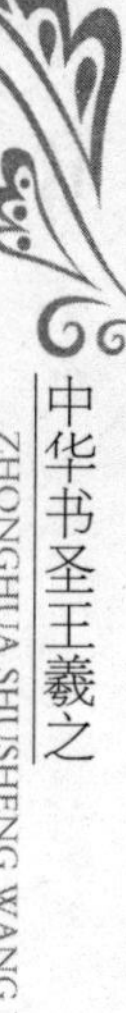

也对他说："你还没有成人呢!过几年你长大成人以后，我会教你读这本书的。"王羲之听了后当即说："如果等到我长大成人以后再读，那就已经晚了。"父亲见他求学心切，说得也有理，就同意他看了，还把《笔论》内容的大体纲要向他作了一番讲解。

王羲之读了《笔论》，学以致用，书法实践有了理论的指导，知道了一些作书写字的要诀，练起字来和过去大不一样，进步神速。几个月后，他的老师游历回来，看了王羲之的书法大吃一惊，心想：这孩子的书法，怎么突然变得这么好了呢？她对王羲之的叔父王廙说："这孩子肯定是看了用笔的秘法了。"王廙不知道情况，就反问道："你怎么知道的呢?"卫夫人肯定地回答说："我近来观看小羲之写的字，发现他的书法水平突飞猛进，而且简直是有些老练了，所以我才这么猜测的。"接着，卫夫人又感慨地说："这孩子将来必成大器。我在书法上的盛名，将来必然被小羲之的名气所掩蔽。他的书法成就肯定要超过我的。"说完，已是泪光闪闪了。

卫夫人、王廙都是当代书法名流，又都是王羲之的老师。王廙的书法风格偏于古朴，卫夫人的书法风格极为妍媚，这对王羲之日后形成的寓古雅于姿媚的书风是有直接影响的。

名山观碑

王羲之十几岁的时候，他的父亲见他学书日进，文章写得也好，就常常在客人面前夸奖他。但王羲之没有沾沾自喜，他以更远的志向策励自己。他在学习过程中渐渐发现，学习书法，单学一家两家不行。单学一家两

张芝像

李斯像

家，容易产生许多弊病，比如局限于老师的知识，见闻不广，很难站高望远、有所突破。于是，他决定普遍地向名家学习。他除了向卫夫人、王廙学习，还学习钟繇的楷书、张芝的草书，也学习李斯、曹喜、梁鹄、蔡邕等名家的墨迹。他还游历名山大川，观赏书、碑。他来到东岳泰山，在山上看到秦汉著名的古刹里有许多古代石碑时，看得发呆了。他又来到了孔子的故里曲阜，观赏城北门外松桧参天的孔林庙碑时，禁不住对这位先师产生了敬仰之情，对于中华民族的历史文化激起了无比自豪的感情。

他来到中岳嵩山，在石室里寻访蔡邕的《石经》和钟繇的《受禅碑》。蔡邕的书法采李斯、曹喜之法，创立

了古今杂形的八分法、飞白体，显得华艳飘荡之极，一个一个字看去，果真是像他的《笔论》中所说的“若坐若行，若飞若动，若往若来，若卧若起，若愁若喜”，极富动态意趣，王羲之看了，心中非常喜爱。

钟繇的书法是从曹喜、蔡邕这里脱胎而来，其真书刚柔相济，多有异趣，幽深无际，古雅有余，被称为“秦汉以来第一人”。在这里，王羲之仔细观察碑文中的每一个字，用心研究笔势笔力，越看越有劲，越看越有味，一连观摩了好几天，最后用拓碑术拓下了一些碑文，又用心临摹了一份，才恋恋不舍地离开了石室。

王羲之接着又来到西岳华山。在华山，他看到了张芝的《华山碑》，不禁喜出望外。他站在众碑前，左看右看，远看近看，呀，真正是气派通达，眼界为之大开。这位汉代著名的书法家，后人评他“草书冠及古今”，名不虚传啊！王羲之又想起这位书法先辈“临池学书，水为之黑”的刻苦学习书法的故事，一股敬意油然而生。

后来，王羲之又游历了大河上下许多地方。在游历时，他留心各地的文化习俗，仔细观察周围的事物，把怪石、老松、波涌、烟袅、猿行、鹤飞等等形状，和书法上的探索结合起来。经过广泛的学习，深入的研究，王羲之扎下了雄厚坚固的书法根底，篆、隶、楷、行、草，无所不精，为他日后在书法艺术上的突破和创新，在艺术上达到出神入化的地步，创造了极为有利的条件。

少年王羲之在书法上就有了名气，但在他同代人中，并不是首屈一指的。当时，庾翼、郗愔这两个人的书法水平就比王羲之高。但后来，王羲之进步很快，名气越来越大，很多人纷纷学习他的字，庾翼就很不服气。庾翼在信中对人说：我的字像家鸡，羲之的字像野鹜(鸭)。只有那些不懂事的小孩子们才会轻视家鸡、喜爱野鹜，都去学羲之的书法。等我回去时，我要与他比试比试。王羲之曾经用章草的字体写了一封信给庾翼的哥哥庾亮，庾亮把这封信给庾翼看了。庾翼看了羲之的信，想不到他的字写得这么好，深为叹服。他给王羲之写了一封信，信中写道：“我过去有十张张芝写的章草，在南下过江时丢失了。我为此常常痛惜，觉得这么美妙的墨迹再也见不到了。今日忽然见到了你寄给我哥哥的信，只见你的字焕若神明，我好像顿时看见了张芝的那些美妙的墨迹。”原来不服气的庾翼，认为王羲之的书法水平不仅超过了自己，而且已经达到了他心目中的最高标准——可同草圣张芝媲美了。

王羲之所以能够后来居上，超过自己的老师，超过同代的名流，超过前代的名家，直至成为中国古代书法艺术的泰斗，就是因为他在名师的指点下，善于学习，从小就精心构筑一个广博、精深的基础。墙基既已坚实，何患高楼之不立？

孔林鸟瞰

东床袒腹

王羲之小的时候不善于讲话，说起话来显得迟钝，因此周围的人并不觉得他特别聪明。13岁那年，吏部尚书周伯仁大宴宾客，王羲之也跟着大人去赴宴。吃饭之前，周伯仁自然要和客人们说说话，见见面，表示热情欢迎。当周伯仁看到王羲之时，一下就觉得这孩子与众

吏部尚书周伯仁

不同。这个孩子虽然不像别的孩子那样伶牙俐齿、能说会道的，但是站在那里，自有一种内在的气度特别令人喜爱，以后长大了必定是个大人才。周伯仁拉着王羲之的手问：“你叫什么名字?”王羲之结结巴巴地说：“回大人，我叫王羲之。”“哦，你叫王羲之。来来来，你先吃一块牛心炙。”周伯仁非常高兴，把王羲之拉到桌子边，割下一块牛心炙给王羲之吃。

牛心炙是古代用来招待客人的重要食品，还带有礼仪性质，地方贵客才能享用。周伯仁的名气很大，在没有开宴之前先给小羲之吃牛心炙，显然是说明他对王羲之非常喜爱，非常赏识。大家见此，一个个也都对小羲之刮目相看。

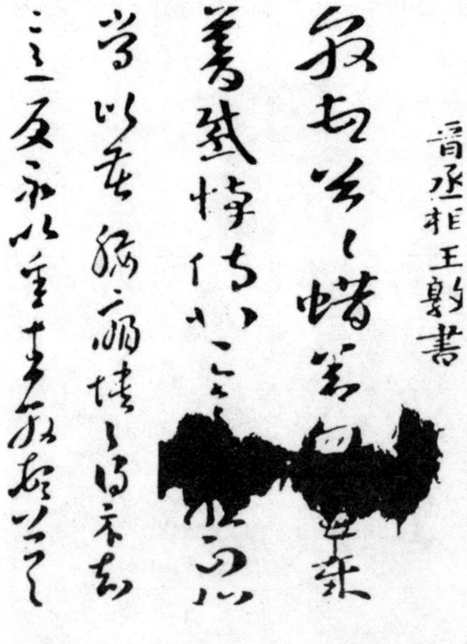

王敦《蜡节帖》

在朝廷当大官的伯父王敦、王导是看着羲之长大的，知道他从小聪颖好学，志向远大，气度不凡，必成大器，都很重视他。王敦曾经当面表扬王羲之说：“羲之啊，你是我们王家的佳子弟。你以后的名气，将不会低于阮主

王 旷

簿的。”阮主簿指阮裕，很有才气，当时名望很大。阮裕也很看重王羲之，认为王羲之、王悦（王导的长子）和王应（王敦的哥哥王含的儿子，出嗣王敦）是王氏家族众多少年子弟中的代表，称为“王氏三少”。

王羲之13岁的时候，父亲王旷不幸逝世，伯父王导对他也就更加关心。王羲之长大以后，一改少时说话迟钝的毛病，变得能言善辩，而且性格耿直。做丞相的王导常常感叹自己的有些子侄不争气，没有什么才能，唯独对王羲之非常看重，想把重任委托给他。

花开花落，春去秋来，转眼间，王羲之到了20岁。那年，当朝太尉郗鉴想招一个称心如意的女婿。郗鉴曾经当过皇帝的老师，学问很深，地位很高。他的宝贝女

王导

儿，年已十八，爱好文学，聪明过人，容貌出众。那时候是封建时代，门第观念很严重，男女联姻讲求门当户对，还由父母包办。郗鉴了解王导，知道王导教子有方，家规谨严，而王家公子众多，挑选的余地大。再说，王导权势显赫，王家也是当今大族，门第正好和自家相当。经过一番思量，郗鉴就派遣一个门生去王家说媒，想从王家众位公子中物色一个女婿。

郗鉴的门生兴冲冲地来到王家，说明来意后把太尉的亲笔信呈给王导。王导一看，正中下怀，就对那个门生说："郗翁看得起我，想从王家招女婿，王家真是有幸。只是我的儿子、侄儿众多，不知郗翁想选哪一个？"那个门生说："太尉说，如果愿结亲眷，不妨让我看一看各位公子的相貌模样，我回去也好有个交代。"王导听了点点头说："行。这时候公子们正在东厢房里习字念书，你自己去看看挑选吧。"说罢，他向家童示意了一下，自己便离开堂厅径自往夫人房里去了。

“郗太尉选女婿来了！”那家童一边叫嚷，一边带着郗鉴的门生来到了东厢房里。房里窗明几净，四壁上挂着不少书帛画卷，公子们一个个生得眉清目秀，气宇不凡，有的在写字，有的在描画，有的在轻轻谈论，显得相当文静。

家童见房里没有什么反应，忍不住又喊了一声：“郗太尉选女婿来了！”这一喊不要紧，顿时使得众公子不自然起来。王家公子知道郗太尉派人来相女婿，非同小可，不少人都盼望自己能被选中，结果一个个都紧张起来，显得很拘谨。那门生看了一会儿，也不说什么，只是随意问了一句：“听说还有一位公子，他在哪里呀？”“喏，他不是在角落里吗？”那门生举目望去，只见厢房角头的床上，有一位公子袒胸露怀地躺着，吃着东西，怡然自得。原来，这位公子对太尉招亲这件事干脆不放在心上，泰然处之，若无其事。那门生看后闭目沉思片刻，就举步离开了厢房。

那门生回府后当即对郗鉴汇报说：“王家看了你的亲

笔信，满口答应这门亲事，还让我去东厢房看公子们的模样，任凭挑选。”郗鉴听了连忙问：“你到厢房看了以后，选中谁了呢？”门生回答说：“我看王家公子，不愧为将门虎子，一个个都是气度不凡，才貌双全。但是，他们一听说我是去相女婿的，神情都显得紧张起来，举止很不自然。但有一个人却躺在东床上，袒胸露怀，若无其事地吃着东西，好像没有听到这个消息似的，显出豁达大度的样子，我看他真是个奇人哩！”

郗鉴听了高兴得叫了起来：“这个人，正是我要招的好女婿啊!”郗鉴赶紧派人去王家，询问躺在东床上的公子是谁。一问，这人乃是王羲之。郗鉴就把女儿嫁给王羲之为妻。郗夫人，字子房，也精通书法，被后人称为“女中仙笔”。

王羲之东床袒腹，竟然意外地被郗鉴选中为女婿，这件事，在历史上一直被传为美谈，以至于后人就把女婿称为“东床”，“东床”也就成了佳婿的代词。人们津津乐道于“东床袒腹”这件好事，其实是人们赞赏王羲之从中表现出的那种超脱不羁、潇洒纯真的性格和气度。我们知道，书法艺术与书写人的见识、修养、性格、气度密切相关。王羲之的这种强烈而鲜明的性格，给他的为官生涯带来了种种痛苦和失望，却帮助他熔铸成了千古独绝的书法艺术。

耿直的王右军

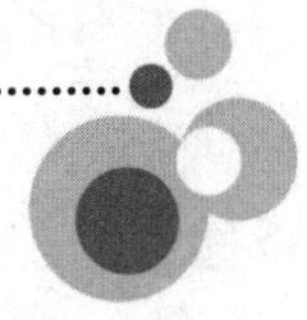

王羲之，出生和成长在一个中国政治上最混乱、社会上最痛苦，又是精神史上极自由、极解放，又极富于智慧、浓于热情的时代。当然，王羲之的思想、行动以及他的书法艺术创造，无不打上时代的烙印，同时又具有鲜明的个性。

晋元帝司马睿像

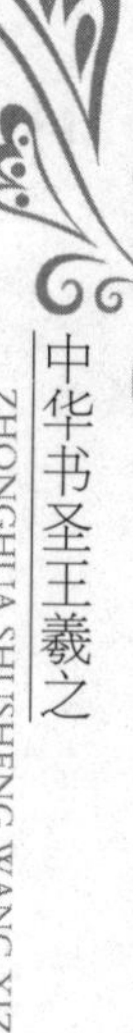

东晋开国之君元帝司马睿，与王羲之的父亲王旷、伯父王导关系非常密切。王旷、王导为东晋王朝的建立都曾做出过重大贡献。可惜王旷在西晋末年逝世，未能发挥更大作用，而王导则是辅佐司马睿、支撑东晋局面，后位至丞相。当时流传着这么一句民谣：“王与马，共天下”，可见琅琊王氏的势力之大。王导非常欣赏王羲之，当丞相时就要提拔王羲之，可是王羲之却不愿做官，谢绝了伯父的提携。

王羲之年轻时就享有美誉，朝廷公卿都认为他是个人才，多次召他去朝廷任侍中、吏部尚书等要职，王羲之都婉辞谢绝。

王羲之有个好朋友，名叫殷浩。殷浩知道王羲之饱学多才，自己在朝廷做了大官后，就想到重用王羲之，请王羲之出任要职。王羲之给殷浩写了一封回信，信中写道：

琅琊山石刻

> 吾素自无廊庙志，直王丞相时果欲内吾，誓不许之，手迹犹

存，由来尚矣，不于足下参政而方进退。自儿娶女嫁，便怀向子平之志，数与亲知言之，非一日也。若蒙驱使，关陇、巴蜀皆所不辞。吾虽无专对之能，直谨守时命，宣国家威德，固当不同于凡使。

这封信的大意是说：我平生不想做官，如果想做官的话，伯父王导位丞相时就可以飞黄腾达了，但我坚决地拒绝了，没有答应他。现在，已经儿婚女嫁，我已经像汉代的向子平那样感到满足，要过隐逸生活了。但是，如果国家需要，朋友信任，就是到关陇、巴蜀那样的偏远和危险地区去也会在所不辞，并且一定做出一般人所难以做出的成绩来。

这封信清清楚楚地说明了他的平生志趣和对现实问题的态度。他向往自由自在的隐逸生活，不愿做官，但愿意为国家出力。虽然心情矛盾，但他一生中的大部分时间还是在官场中度过的。当时，士族高门子弟年满20岁不经选举就可以担任秘书郎，或者著作郎。像许多世家子弟一样，王羲之最初任秘书郎。后来，征西将军庾亮很赏识他，请为参军，接着又升为长史。庾亮临死前还向皇帝上疏，说王羲之“清贵有鉴裁”，赞扬他有非常强的鉴识能力。后来，王羲之又升为宁远将军、江州刺

史，还当过会稽王友、临州太守、吴兴太守、永嘉太守等，最后由护军将军改授右军将军、会稽内史，后人也就称他“右军”“王右军”。

王羲之虽然无意仕途，但是他是一个认真办事的人，更可贵的是，他关心人民疾若，廉明尽职，在任职期间做了不少好事。他任会稽内史时，连年灾荒，百姓流离失所，逃荒讨饭。他就命人打开官仓，用官粮来救济穷人。然而，就是在这样的情况下，朝廷的赋税、劳役还是很重，王羲之就经常上疏表明情况，要求减轻赋役，减轻人民负担，多次收到好效果，受到百姓拥戴。

百姓因灾逃荒

王羲之十分痛恨腐败官吏，对官场的腐败现象痛心疾首。他了解到国家粮仓监守自盗的现象十分严重，就提出揪出典型者杀之。但是，他的这个办法未被采纳，他只有感叹而已。

身为父母官的王羲之，眼看着百姓流亡、户口日减，忧心如焚。他向朝廷提出过一些切实的政改措施，可惜都是石沉大海，没有什么结果。他在一封信里表达过他那种沉痛的心情："百姓之命……倒悬，吾夙夜忧此。"

王羲之有宁远将军、右军将军等军事头衔，但是他并不实际带兵。不过，他在许多重大军事行动上都提出过切中要害的意见，而且许多意见都被历史证明是正确

的，显示了他卓越的“鉴裁”能力和坦荡的胸怀。康帝建元元年庾翼请求北伐，多数人反对，王羲之却站出来热情支持。王羲之曾在庾亮军中任职，比较了解庾翼，认为庾翼能够胜任北伐军队统帅的职务。同时，他认为当时朝廷内部比较团结，北伐的条件具备。他就给康帝写信说，如果让庾翼带兵北伐，取得胜利的日子一定是指日可待的。可惜未等北伐计划施行，庾翼却病逝了。

后来，殷浩又提出北伐请求。王羲之虽和殷浩个人关系非常好，可是对殷浩的要求却采取了否定态度。他深知殷浩是个清谈家，缺乏处理军政事务的实际能力。更重要的是，王羲之看到殷浩以及他所依靠的辅政王司马昱同真正具有军事实力的桓温之间存在着尖锐矛盾。司马昱是因为桓温实力过大才拉殷浩参政和北伐，以同

王羲之《丧乱帖》

桓温

桓温对抗，这种北伐动机是不纯的。

当时桓温也想通过北伐得胜提高自己的威信，同皇室对抗，曾多次要求北伐而不得允许。在这种情况下，王羲之认为北伐的条件不具备，主张首先要搞好内部团结，加强实力。他提笔给司马昱写信，分析“今外不宁，内忧已深”的形势，提出保淮河的保守主张。信末写道：若不行此，社稷之忧计日可待。

司马昱、殷浩不听王羲之的劝阻，还是出兵北伐，果然不出王羲之所料，大败而归。败后，殷浩等人不死心，还要再次亲自北征，王羲之再次劝阻，给殷浩写信道：

> ……不可复令忠允之言常屈于当权。今军破于外，资竭于内，保淮之志非复所及，莫过还保长江。……若必亲征，未达此旨，果行者，愚智所不解也。愿复与众共之。

王羲之在信中分析了“今军破于外，资竭于内”的形势，提出守不了淮河就守长江的主张，最后提出警告，如果亲自出征，后果将是不堪设想的。殷浩还是不听王

淮河流域图

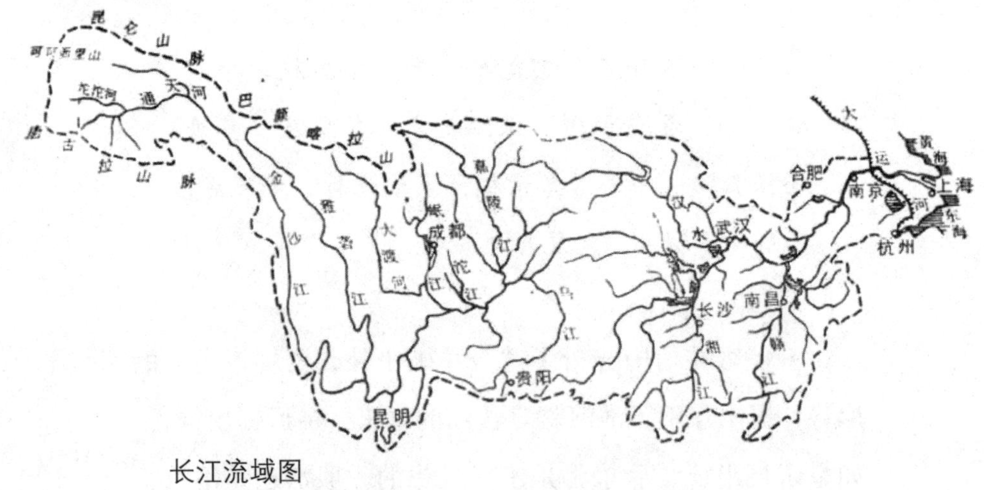

长江流域图

羲之的劝阻，于永和九年再次北征，结果又是不出王羲之所料，大败而归。桓温乘机上疏，罪责殷浩，殷浩就被削职为民，两年以后，忧郁而死。

王羲之为官清正廉明，刚正不阿，同情人民疾苦，敢于为民请命，同时胸怀坦荡，一点儿也不阿谀权党，分析人物事理，往往具有远见卓识。只是因为他在书法艺术中的名气太大了，后人只知道他在书法艺术上的成就，却不太清楚王羲之原来还是一位忧国忧民的“廉正清官”“耿直将军”呢！书法研究者们则说，王羲之超人的见识和耿直的性格，以及他那一流的人品，在他的笔法正锋、腕力遒劲的书法艺术中都能体现出来。

父母墓前辞官

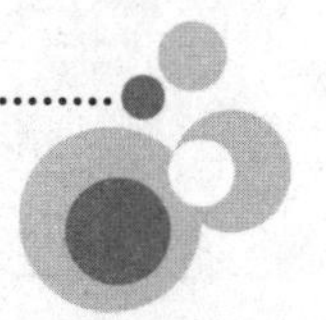

王羲之虽然自称“素无廊庙志”，无意仕途，但在他年轻做官时，还是想有一番作为的。然而，官场的复杂，仕途的曲折，再加上道教的影响，使他想过隐逸生活的念头越来越强烈。后来，他又受到了同僚王述的排挤，对早就厌倦了的官场生活更感到忍无可忍了。

王　述

王述也是出身名门大家，少年时也很有名气，与王羲之齐名。后来，王羲之的名气大大超过了王述，特别是在书法和才气上，更是不可同日而语。在王羲之的眼里，王述不过是个庸庸碌碌、一心求官的凡夫俗子，和他的豁达大度是无法相比的。因此，王羲之向来就看不起王述。谁知，就是这个被他瞧不起的王述，却是官运亨通，青云直上，一直升到扬州刺史，地位大大超过了王羲之。因为扬州是个大郡，是京城所在地，其长官过去一般都由丞相一级兼任。更让羲之难以忍受的是，他所守会稽郡正好由王述管辖。

老子

王述性格急躁、直率，不够旷达。他知道王羲之瞧不起他，早就怀恨在心。为了出这口气，王述就常常利用他管辖会稽郡的权力，借口检查公务，不时来会稽郡找王羲之的岔子，进行报复。幸亏王羲之是个知名的清官，在朝中也有相当的势力，所以王述也轻易动他不得，只是在很多小地方对王羲之百般挑剔，给以难堪。

王羲之性格耿直，一生超脱不羁，怎么能够甘心在他看不起的人的下面忍气吞声地做事呢？士大夫“士可杀而不可辱”，他决心辞官不干了。

想着几十年熟悉的官场生活就要结束，自己多年向往的隐逸生活就要开始，王羲之当然是有感慨的。谁能理解他的思想感情呢？谁能支持他的这一举动呢？茫茫人世间，他想到了自己的父母。他决心到父母的坟前去发誓，发誓不再做官。

秋天，会稽山的枫叶已经染成了红色。在旷野的墓地里，王羲之站在父母的坟前，真诚地念着昨晚写就的祭文：

维永和十一年三月癸卯朔，九日辛亥，小子羲之敢告二尊之灵。……谨以今月吉辰肆延设席，稽颡归诚，告誓先灵。自今以后，敢渝此心，贪冒苟进，是有无尊之心而不子也。子而不子，天地所不复载，名教所不得容。信誓之诚，有如白皦日！

庄子

王羲之在父母坟前宣誓：从今以后，如果我再去做官，我就不是你们的儿子!

王羲之回城之后，当即向上司要求辞去右军将军会稽内史的职务，王述自然是求之不得。很快，王羲之的辞呈获得了照准。这一年，王羲之53岁。

王羲之受老庄思想的影响和江南山水之美的吸引，非常热爱大自然。墓前辞官以后成了隐士，他更是无拘无束地投进了大自然的怀抱。他身居山间，平时带带儿子，抱抱孙子，修植果园，种种蔬菜，更多的时间则是与朋友一起尽情地游山玩水，持竿垂钓，足迹踏遍了锦绣江南的山山水水。他常常对人说："我快乐地来到人间，也要快乐地离世而去。"在那动乱的年代，王羲之如此热爱生活，真正称得上是一个豁达乐观的人。

自然，视书法艺术为生命的王羲之是不会停止对书

独钓寒江

法的探索的。潇洒、飘逸的生活方式，使他的书法风格愈发显得潇洒、飘逸了。同时，江南山水的精巧空灵、俊美多姿的精髓神韵，在他的笔下也愈发显得可爱了。终于，他以大胆的超越精神不蹈古人窠臼，脱离成法羁绊，创造了自己的独特风格，成为唯美主义书法艺术的创始人。因为他写起字来无拘无束，无古无今，所以在当时并不为一般人所喜爱，还遭到一些守旧派的非难，甚至他的伯父王导也说他的书法不合规矩。但是，王羲之的书法艺术经受住了历史的考验，逐渐地受到越来越多的后人的喜爱。

归隐图

永字八法

王羲之对书法艺术精益求精，不仅表现在长期坚持勤学苦练，而且表现在对书法理论的探索研究上。他小时候在父亲房里偷读《笔论》后进步加快的事，使他懂得书法理论的指导对于学习书法是多么重要。他善于总结前人和自己的实践经验，并把自己的学习体会、探索所得上升到理论上来认识，再用来指导实践。因此，他的书法艺术在探索的道路上不断迈向更高境界。他书法写得好，文章写得也很漂亮。王羲之除了有书法作品传

自论书

世外，还有6篇书法论著传世。从这些书论的内容来看，它广泛地涉及书法的用笔、结体、章法、书法的创作过程，乃至书法的审美意蕴，论述细微而又不乏深刻，其中很多条目堪称“书法秘诀”，对于后人学习书法的启示性是很大的。

他在《自论书》一文中说：“须得书意转深，点画之间皆有意。自有言所不尽，得其妙者，事事皆然。”王羲之认为书法艺术不是单纯地写字，要突出一个“意”字，即要有意趣，一点一画之间都要反映出写字人的意趣。他还说，做什么事情都要像习书一样，做到求其意趣，得其妙理。后人评王羲之的书法“如清风出袖，明月入怀”“如孟子言性，庄周谈自然”，指的似乎就是其中的意趣、妙理。

他的老师卫夫人写了一篇书法论著《笔阵图》，论述学习书法的方法。王羲之看后写了一篇《题卫夫人〈笔阵图〉后》，提出自己的一些看法见解。他说：“夫纸者阵也，笔者刀矛肖也，墨者鍪甲也，水砚者城池也，心意者将军也，本领者副将也，结构者谋略也，笔者凶吉也，出入者号令也，屈折者杀戳也。”在这里，王羲之把作书比作打仗来进行论述，生动形象，由浅入深，通俗易懂。他说，书法，把纸作为布置兵马的阵地，把笔作为兵器，把书家的匠心胸意作为统帅全局的将军，把掌

然盡矣昔宋翼常作此書
之弟子乃叱之翼遂三年不敢
見繇潛心改跡每畫一波常三過折筆
每作一點常隱鋒而為之又見李斯曹
喜書又之許下見鍾繇梁鵠書又之
洛下見蔡邕石經書又之從兄洽處見
張昶華嶽碑始知學衛夫人書徒費年
月羲之遂改本師於眾碑焉遂成書
聖時年五十有二或恐風燭奄及遺教
於子孫耳可藏之石室千金勿傳非其
人也永和十二年四月十二日書
吳興姚文田臨

题卫夫人《笔阵图》

握技法、运用技法的本领当作位居第二的副将，书写当中如何经营点划的摆布和字形的构成就好比打仗中如何运用计谋策略，运笔的成败关系到书法的成败，运笔中的收笔、落笔好比军中的号令而不能随意而动，运笔中笔画的弯曲转折，好比战场短兵厮杀，一点不能马虎。

王羲之还写了《笔势论十二章》，这篇文章是写给他的儿子王献之的。文章的开头就说：“我看你对书法的悟性超过常人，但是还没有完全符合和熟练掌握书法的法度规则。现在父亲不亲自教你，写出《笔势论》一篇，

睩形象體變貌猶同
逐勢瞻顏高低有趣
分均點画遠近相須
播布研精調和筆墨
鋒纖往来踈密相坿
鑯點銀鈎方圓周整
起筆下筆忖度尋思
引説蹤由永傳今古

用来启开你的悟性。”第一章说的是“创临”，意思是开始临摹习书。王羲之说：“始书之时，不可尽其形势，一遍正手脚，二遍少得形势，三遍微微似本，四遍加其遒润，五遍兼加抽拔。”王羲之强调，临摹练字，一开始不要去追求写得像不像，而要注意掌握执笔、运笔的基本法则，注意探究与掌握笔画中所涵篆隶等各种书体的本源笔意，渐渐地把字写得强劲有力，圆润有韵，姿态纵横。第二章说的是“启心”，意思是启发心意。这一章谈的是书法怎样注入书家的心意，使书意、心意契合。也就是说，写出的字要有“惊蛇穿水”“波浪水纹”“虬龙蜿蜒”“鸾凤徘徊”“惊雷掣电”等种种自然万物的形态精神，与书写人的心意相符合。第三章说的是“视形”，意思是考察审视字的形体。

这一章主要谈字的结构、点画安排。第四章说的是“说点”，专讲“点”的形貌、精神，要把点写得或者像当街的大石头，或者像蹲着的鹞鹰，或者像蝌蚪或者像瓜瓣，或者像栗子，或者像含在鱼鹰嘴里的鱼，等等。第五章是说“处戈”，专讲怎么处理“戈”的形貌神态，提出“戈”要写得动静兼具，俯仰结合，开阖有度，而且千姿百态，不能雷同。第六章是说“健壮”，谈的是怎样才能避免写出的字出现“病态”，使字的形貌充满精神气势。第七章是说“教悟”，谈的是怎样搞清楚一些横竖点画的特点。第八章是说“观彩”，

谈的是怎样观看用笔的神采，比如起笔须回锋，不能立即而下。第九章是说“开要”，即是揭示要点，比如写“丿”不宜迟缓，收脚不宜拖沓，笔划中行不宜过快，转折处以及横竖相交的地方不要形成尖角的模样，等等。第十章是说“节制”，提出书法不同的趣味和形势应该有一定的限度，比如疏、密、短、长等皆要适度，过犹不及。第十一章是说“察论”，意思是说要明了事理。比如，如果不正确地纯熟地掌握法度，写起书法来就难以表达出自己的情感意趣。第十二章是说“譬成”，说明成功之道。

用笔赋

除了《笔势论十二章》，王羲之还写了《书论》《用笔赋》等论著，对后世影响都很大。但是流传最广的，还是“永字八法”。

据说王羲之花了15年的功夫，反复研究，反复练写，才把“永”字练好。他为什么要花这么多的时间

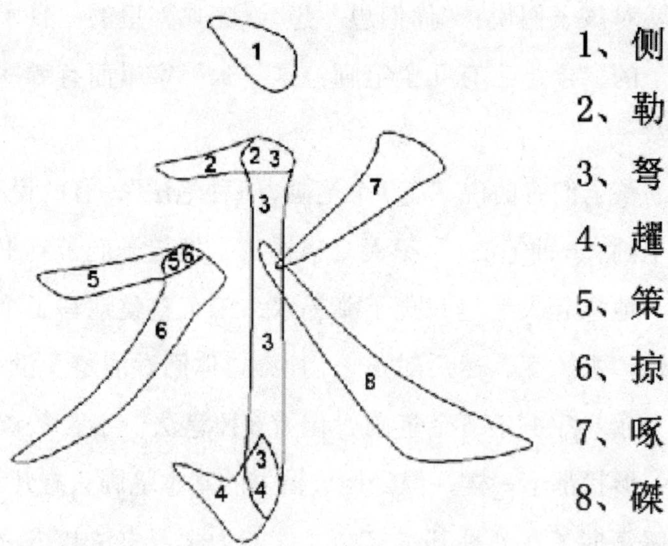

永字八法

练写“永”字呢？这是因为，他发现，“永”字练好了，推而广之，就能写好一切字。为此，他总结出了“永”字八法。这可真是书论精髓啊！他决定把“永字八法”传授给自己的孩子。

一天，王羲之对孩子们说：“把你们近段时间里练的字拿来给我看看。”孩子们都把字交给了他。

王羲之依次翻阅了孩子们所写的字，觉得间架结构还可以，只是在运笔上存在不少毛病：平拖的笔画多，顿笔也没有学好，用笔缺乏轻重缓急之分，笔势木僵无力。产生这些毛病，是因为基本笔法还没有完全掌握。

他就对孩子们说：“你们想一想，《尧典》里的‘日永星火’的‘永’字有几个笔画？这‘永’字里面有哪些笔法？”

孩子们有的说“有7个笔画，6种笔法”，有的说“5个笔画，6种笔法。”王羲之摇摇头，把孩子们带到书房里。他拿起大毛笔，蘸了蘸墨水，工工整整地写了个斗大的“永”字，然后对孩子们说：“你们看清楚了没有？这‘永’字只有6个笔画，但有8种笔法。字，数以万计，形状都不一样，但是构成楷书的基本笔画只有几种。了解掌握了这几种基本笔画，就能为学习书法打下一个

永字八法

很好的基础。'永'的8种笔法，就是基本笔画的写法。"接着，王羲之就讲起"永字八法"，孩子们一个个都听得入了神。

一、这永字上面的一点，叫作"侧"法。所谓侧，就是写这一点时，要做到侧锋峻落，顿笔下旋，势足收锋。点被称为字的眉目，要写得左顾右盼，切忌平卧。

二、点下的短横，叫作"勒"法。所谓勒，就是写这一横时，要像勒住奔马的缰绳一样，要逆锋落笔，顿笔缓勒，使笔锋与纸之间产生一种摩擦力，切忌平拖。

三、短横下的直笔，叫作"努"法。横竖画是字的栋梁，竖画要能力撑千钧，所以要努力写出。还有，这一直不能写得过直，过直就会僵死无力，要直中见曲势，像弓臂那样有曲意才能得力，所以"努"也作"弩"。

四、"努"笔之后的一钩，叫作"趯"法。"趯"，意思是踢脚。写钩时的动作如同踢足，将力由竖画转向钩处，猛然发出，笔锋显露，力在笔尖。

五、左边的仰横，叫作"策"法。策是马鞭的意思。写这仰横时，如挥马鞭，用力在发笔，得力在画末。不可轻撇，轻撇即如马鞭不及马身；也不能重按，重按即如马鞭到了马的身上起不来。

六、那左下撇叫作"掠"法。掠，是梳头发的意思。写长撇要像用梳子梳长发那样，不能随便甩出，要顿笔送力，出锋稍肥，提笔渐瘦，防止飘荡不稳。

七、右上撇称为“啄”法，写字时要顿笔左出，快而峻峭，如鸟嘴啄物，以急出为好。

八、最后的这一捺，叫作“磔”法。用刀割裂牲畜叫“磔”。写这一捺时，要逆锋落笔，笔锋如刀刃铺毫缓行，顿笔抽出，做到收锋含蓄，一气呵成。

王羲之讲完“侧”“勒”“努”“趯”“策”“掠”“啄”“磔”这“永字八法”以后，微微出了一口气，又意味深长地对孩子们说：“这‘永’字虽然笔画简单，但具有8种笔法。这8种笔法学好学精了，就有可能把别的字写好。可见，练好‘永字八法’是很重要的。我以前练写这个‘永’字，就花了15年的工夫哩！”孩子们听了，都伸了伸舌头，用敬慕的眼光看着自己的父亲。为了帮助孩子们记忆，王羲之又教孩子们编写“永字八法”的口诀。大家你一句，我一句，很快凑成了一首“四言歌诀”：

侧勒努趯，策掠啄磔，
永字八法，铭记心底：
勒努安置，先立大体；
轻重缓急，提顿适宜；
入木三分，前后贯气；

练书法

彼此照应，疏密粗细；
变化笔法，别具形体；
融会贯通，自出新意。

从此以后，孩子们对照王羲之的“永字八法”练字，进步果然更快了。王羲之的7个儿子，个个成了书法家，特别是小儿子王献之，更是出色，和父亲一样成了晋代著名的大书法家，人称“二王”。

生性爱鹅

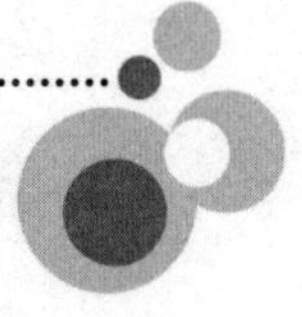

在生活中，有的人爱小狗，有的人爱小猫，有的人喜欢养花，有的人喜欢养鸟，王羲之却喜欢鹅，而且爱得真诚，爱得奇特。

王羲之住在会稽（今浙江绍兴）时一个春日的清晨，身着便服，坐一条小船，出城去欣赏江南春天的大好风

光。他伫立船头，抬头看兰渚山，俯首看清溪水，但见峰峦叠翠，微波轻皱，山影摇曳，美不胜收，真使人觉得有如身在画中行。小船缓缓而行，王羲之心旷神怡，纵目远眺。

突然，眼前一亮，王羲之好像发现了珍宝似的，向船家做了个停船的手势。

小船停靠溪岸，船家好奇地问："大人，您有事儿?"

王羲之兴奋地用手一指，对船家说："你看，那边池塘里有白鹅，好看极了!"可不是吗，青山倒映着的绿水上，正漂浮着一群白鹅。群鹅悠然自得，有的轻理羽翼，有的昂首欢叫，有的拨掌劈波，有的追逐嬉戏，有的并肩私语，有的引颈高歌，千姿百态，美妙非凡。王羲之看得入了神，久久不愿离去。

船家见此情景，就对王羲之说："大人这样喜欢鹅，就把它们买了带回去吧。"

王羲之一拍掌，说："妙哉！只是，不知是谁家养的?"

"这是昙禳邨玉皇观的老道士养的。"船家说。

"噢！我们就去玉皇观。"王羲之急切地说。

于是，船家把小船拴在溪边树上，陪着王羲之直奔玉皇观而去。

老道士见了王羲之，一眼就认出来了，这不是大名

玉皇观

鼎鼎的右军大人么!老道士乐呵呵地一迭连声:“大人请进,大人请进!”

王羲之顾不得进门,直截了当地说:“老师父,你养的一群白鹅,能不能割爱让给我?”

老道士面露难色,说:“大人,贫道养的鹅是不卖的。”

听说不卖,王羲之急了,再三向老道士恳求。

老道士微微一笑,说:“买鹅的事,说难很难,我是无论怎样的高价也不卖的。不过,说容易也容易,你如果给我写一卷《道德经》,我就把这群鹅全部送给你。”

听了道士这番话,王羲之高兴得差点跳了起来,连忙说:“好!好!就照师父说的办。”

老道士喜出望外,请右军大人动笔书写。王羲之用心挥毫，笔走龙蛇，花了半天时间写完《道德经》。老道士如获至宝，小心翼翼地双手捧着，把它珍藏起来。王羲之呢，则带着老道士奉送的十几只大白鹅，兴冲冲地回城去了。

王羲之写字换鹅的这段趣闻，一直被传为佳话。唐代大诗人李白还专为此事写了一首诗：

右军本清真，潇洒出风尘。
山阴遇羽客，邀此好鹅宾。
埽素写《道德》，笔精妙入神。

此道古之所以貴此道者何也不曰求以得有
罪以免耶故為天下貴
為無為事無事味無味大小多少報怨以德
圖難於其易為大於其細天下之難事必
作於易天下之大事必作於細是以聖人終不
為大故能成其大夫輕諾必寡信多易多
難是以聖人由難之故終無難矣
其安易持其未兆易謀其脆易泮其微易
散為之於未有治之於未亂合抱之木生於
毫末九層之臺起於累土千里之行始於足
下為者敗之執者失之是以聖人無為故無敗
無執故無失民之從事常於幾成而敗之慎
終如始則無敗事矣是以聖人欲不欲不貴難
得之貨學不學復衆人之所過以輔萬物之
自然而不敢為

小楷道德经

书罢笼鹅去，何曾别主人。

现在，浙江绍兴郊外曲水兰亭附近有一鹅池，传说就是当年王羲之换鹅的地方。绍兴城内的戒珠寺曾是王羲之的住处，在这里也有鹅池。立在这两处的两块碑都是王羲之写的。因为王羲之爱鹅，常常写“鹅”字，所以写得特别好。

新昌有个大佛寺。有一天，寺里的大和尚听说王羲之要到大佛寺来玩，连忙赶到山门外去迎接。大和尚陪着王羲之，里里外外玩了个遍。王羲之离去时，大和尚一直送到山门外。

鹅 池

山门外有一片平坦的沙地，不远处有一条碧绿的溪流。王羲之刚要和大和尚告辞，忽然听到一阵“昂，昂，昂”的欢叫声。王羲之怦然心动，转身一看，见清清溪水上有一只红冠白袍的大鹅，正昂首挺胸地游着。王羲之连声叫好。大和尚知道王羲之生性爱鹅，就笑嘻嘻地对他说：“右军大人，你喜欢这只鹅，就把它送给你吧。”说着，就叫正在扫地的小和尚把鹅引上岸来，亲自把大白鹅轻轻抱起，要交给王羲之。

王羲之笑道：“这么一只漂亮的大白鹅送给我，叫我用什么报答你呢?”说着，一边沉思，一边在沙地上踱起步来。刚刚扫平的沙地上，清晰地留下了一个个脚印。

戒珠寺

王羲之见了，恍然大悟，高兴地对大和尚说："我没有别的东西送你，就在沙地上写个字，留个纪念吧！"说罢，从身边的小和尚手里拿过扫帚，在沙地上唰唰地挥写起来。不到喘口气的时间，一个一笔流落的大"鹅"字写成了！大和尚笑得合不拢嘴，比得到一只金元宝还高兴。

大和尚等王羲之一走，再低头仔细欣赏这个"鹅"字。这个鹅字，起落只有一笔，写得龙飞凤舞，飘逸峻拔，真是世上罕见啊！大和尚陶醉了。大和尚连忙叫小和尚拿些薄薄的透明纸来，蒙在字迹上亲自仔细地把它勾画出来，又请来著名的石匠，把这个大"鹅"字刻在一块青石板上。刻好后，大和尚把这块"鹅字碑"竖立在自己的床前，早上看，晚上看，平时还不轻易让别人看呢！直到大和尚死后，人们觉得王羲之的书法应该供大家欣赏，寺里的和尚才把"鹅字碑"从房间里抬出来，立在寺中。如今，人们去新昌的大佛寺，都要在这块

“鹅字碑”前站一回，欣赏王羲之这个用扫帚写出的大“鹅”字。

王羲之爱好养鹅，喜欢画鹅、写“鹅”字，还常常

羲之爱鹅图

王羲之观鹅

叫孩子们练“鹅”字。

一天中午，王羲之把孩子们叫到书房，指着窗前正在水池里游弋的白鹅说：“喏，你们看，那白鹅多么洁净自在!这次我又要你们写‘鹅’字，每人写20个。”话音刚落，孩子们就拿笔写起来。

王羲之绕着桌子转着圈，注视着孩子们书写的姿态、笔法以及字形、结构。当每人都写完20个鹅字后，王羲之就铺开帛巾一副，拿起笔，蘸饱墨水，边说边写，一连写了四个箩底大的“鹅”字：一个是篆书、一个是隶书、一个是楷书、一个是草书“独笔鹅”。

孩子们见爸爸写字下笔犹如龙行雨，收笔好像虎登山，非常羡慕。大家争着把爸爸的“四鹅帛书”悬挂在书房里，不断地揣摩欣赏，每当走进书房，总要仿写一

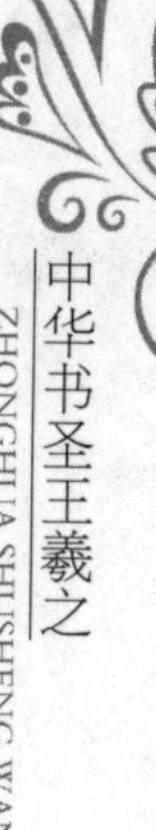

遍，默记一通。

王羲之为什么要教孩子们反复练写“鹅”字呢？原来鹅（指繁体鹅）字有17笔，13法，仔细分辨，共有点法3种，撇法3种，钩法3种，还有挑法、划法等多种。它把汉字的十多种笔法集中起来，比著名的“永字八法”还多几种笔划。因此，练写“鹅”字，实际上也是学习书法基本功的一种综合训练方法。

自从王羲之写了“四鹅帛书”以后，孩子们勤学苦练，进步很快。特别是王献之，模仿父亲的功力和笔法，更加显露出少年书法家的艺术才华。有一天，王献之跟

王献之

哥哥王徽之在书房里写字。王献之指着爸爸写的“四鹅帛书”四个字说：“哥哥，父亲写这么箩底大的‘鹅’字，我们是亲眼看见的。我们已经练了好几年了。我想，我们能不能写一个再大一点的‘鹅’字呢?客人们一进门就能看到我们的作品，不是很好吗?”

徽之觉得弟弟说得有理，但转而一想说：“好是好，只是写这么大的字，又哪来这么大的帛纸呢?”献之正好面对墙壁，就说：“书房前面这块白粉墙，当帛纸来写，不是很好吗?”徽之听了点点头。

小哥俩很快就动手了。徽之拿来一个大墨盘，到墨池打水磨墨。献之搬来一条高凳子，放在墙脚下。两人推让了一下，最后还是由弟弟献之拿着父亲的大毛笔，爬上了高高的凳子。献之站在高凳上，先学着父亲的样子，拿着干笔书空，悬手在壁前比画了一通，又仿着父亲的“鹅”字的样子，悬空舞写了一阵。等到徽之把墨磨好了，献之就手拿大笔，站稳身子，蘸足墨水，鼓足勇气，提笔在雪白的墙壁上“沙、沙、沙”地写起来。嗨，这一挥，写出了一个有一丈见方的“鹅”字，比父亲写的那个要大得多哩！

不久，王羲之和他的几位要好的朋友从外面回来了。他们见书房前面的白墙壁上忽现出现了一个“方丈壁鹅”，都感到惊讶。有位朋友误以为是王羲之写的，赞不绝口地说：“这‘鹅’字若龙飞凤舞，如霞转云卷，真是书学杰作呀!”当他知道这“鹅”字原来是小献之的手笔时，不禁惊叹道：“这‘鹅’字，远看不觉为倦，近看莫识其端，真是将门出虎子，良师出高徒啊!”王羲之见献之在墙壁上写字，本想责备几句，但一见“鹅”字写得笔力浑厚，颇有神采，也就转怒为喜了。

少年王献之创造性地写出“方丈壁鹅”后，这事很快就传开了，方圆数十里来观“鹅”的人络绎不绝。从此以后，各地的书房、学馆和寺院的墙壁上，人们往往可以看到一个一丈见方的大“鹅”字。人们都说，这“方丈壁鹅”，是按照王献之写的那个“鹅”字仿写的呢!

王羲之爱鹅成癖、练“鹅”字入迷，除了“鹅”字中笔法多以外，还有两个秘密。一个秘密是，王羲之从鹅的形象动态中悟出了执笔、运笔的方法。清代书法家

包世臣

包世臣曾经为这件事写过诗："全身精力在毫端，定台先将两足按；悟入鹅群行水势，方知五指力齐难。"人们还发现，王羲之在一篇文章里写了20多个"之"字，个个不同，个个生动。这些形状不同的"之"字，就是从鹅的头部、颈部的姿态变化中得到启发的。第二个秘密是，王羲之爱鹅，是爱大白鹅的敦厚憨直、素静高洁的性格，走路昂首阔步、行水飘逸潇洒的姿态，还有那闻声起鸣的警觉，以及那朝着天空高叫的激昂的声音。王羲之爱鹅，原来还寄寓着他的抱负和情操呢!

兰亭修禊

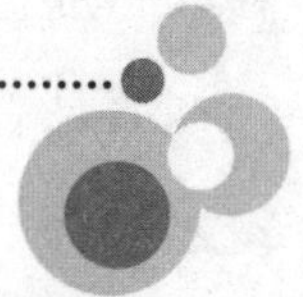

说到王羲之这位大书法家，就不能不说说他书写的书法作品《兰亭序》。这是因为，《兰亭序》不仅是王羲之的代表作，在书法史上竖起了一座登峰造极的丰碑，千百年来一直名闻遐迩，令人倾倒，并且，作为中国书法主流的典型象征而成为后人至今无人可以追攀的书法

兰亭

高峰——被称为“天下第一行书”。王羲之所以被后人拥戴为“书圣”，其中很重要的一条原因，就是因为他写出了“天下第一行书”《兰亭序》。那么，王羲之是怎样创作出这件书法杰作的呢？说起经过来，还真是出于一个偶然的机会呢！

那是晋朝永和九年，也就是公元353年。当时，王羲之33岁，正是年富力强的时候，担任右军将军会稽内史的职务。阴历三月初三这一天，正是江南暮春时节，天气静朗，风和日丽，景色优美，王羲之邀请了当时正在绍兴游玩的文人学士、至亲好友前往兰亭游览。

王羲之一行共42人，从绍兴城里出发，乘坐了几只明瓦船，一直往西南方向驶去。这些人中，有当时身居高官的孙统、孙绰、王彬之、谢安、王蕴、释友遁，还有王羲之的表兄郗昙、王羲之的儿子凝之、徽之、操之等人。当船缓缓地驶过水平如镜的鉴湖，途经应接不暇的山阴道时，船上的人一个个都被眼前的诗情画意所陶醉了。郗昙按捺不住心头的喜悦，当即口中念念有词，吟出一首诗：温风起东谷，和气振柔条。端坐兴远想，薄言游近郊。

就这样，王羲之一行乘船个把时辰，约莫行了二十来里路，只见那鉴湖支流越来越小，直至一条大溪由南向北哗哗地奔来，船只再也不能行驶了。大家就走下船来步行，沿着一条大溪向南走了四五里路，在兰渚山下曲折的溪流旁边停了下来。这时，徽之等几个孩子走累了，就问王羲之：“父亲，我们干吗要到这里来呀？这里三面是山，阴森森怪可怕的。”王羲之耐心地解释道：“你们别小看这个地方。这西面的一座山，叫兰渚山，相传是越王勾践种植兰花的地方，山的名字也就是这样来的。越王勾践虽然被吴国打败了，但他没有屈服。他卧薪尝胆，最后终于打败了吴国，完成了报仇雪耻的大业。

孙绰

谢安

他在被俘释放回国后，重视发展农业，振兴国力，在荒凉的兰诸山上种植兰花，在葛山头种植可织布的葛草，还同老百姓同甘共苦，这种精神一直是传为美谈的呀！”

几个孩子听到这里，就跑到附近山头一看，果然还盛开着不少春兰，虽然是无人细心栽培，不过是散落在杂草丛中的野兰草兰一类。但仍然可以闻到一缕缕的清香，沁人心脾。徽之跑到父亲身边，指着一条小溪问：“父亲，那这一条小溪又叫什么名字呢？”王羲之说：“这条小溪叫作兰渚。因为山叫兰渚山，这条溪也叫兰渚。这叫山以水名，水以山名，山水相依，源远流长。你看，那个村子也被叫作兰上里呢！”

徽之朝南面看去，果然有一个小村庄坐落在山腰的树荫之下。这个看来荒僻的地方，却原来是前辈创业有为的故地。

当下，一行人来到一座古祠之内，在这里举行了一种叫作“修禊”的宗教仪式。古时候，以阴历三月上旬的巳日为“上巳日”，官民在这天都要在水边清洗一番，认为这能够扫除晦气，带来运气。到了魏晋南北朝时期，文人学士、官吏朝廷的封建迷信更加盛行。王羲之他们一行来到兰亭，为的就是祷告神明，希望能够得到神灵的保佑，免除灾荒，消除祸患，避免疾病染身，在仕途上平安无事，大吉大利。这就是王羲之后来在《兰亭序》里提到的“兰亭修禊”一事的由来。

当时，大家怀着虔诚的心意，焚香叩佛。跪拜神灵之后，又来到了祠前一条弯弯曲曲的小溪流旁边。流水

鉴　湖

潺潺，清明澄澈，42个人，嘻嘻哈哈、自由自在地散坐在流水边。

王羲之坐在小溪的上流地带。他吩咐侍童拿来醇厚芳香的绍兴老酒，把酒倒在一只越瓷青花碗里，然后微笑着对大家说："诸君，修禊事已经完了。现在，该是中午时分，吃饭之前要喝酒。这酒怎么喝呢？我先敬上一碗，把酒碗放在溪水中，让它顺水漂流而下。这碗酒沿着曲里拐弯的溪水流下来时，要是在拐弯时停留在谁的旁边，谁就得罚酒作诗。诸位觉得怎么样？"

众人一听，觉得新鲜奇特而又高雅有趣，纷纷说："右军的主意好，就这么办吧！"

兰亭修葺图

"那就开始了！"王羲之高喊一声，就把酒碗放进溪水里，让它随水漂流下去。

众人的一双双眼睛都盯着这只酒碗，看它漂流到谁的身旁停下，然后笑着看那人从水里拿起酒碗把酒喝干，再静静地听他吟出一首诗来。接着，王羲之在上游又斟满第二碗酒，再让它随水漂下……这就是脍炙人口的“流觞曲水”。

绍兴老酒

在这次盛会中，每个人都赋了诗。其中赋出两首的有王羲之、谢安等11人，赋出一首的有郗昙等15人，其余16人因为诗不成被罚酒三巨觥。王羲之所作一首诗的最后几句是：“大矣造化功，万殊莫不均。群籁虽参差，适我无非新。”王羲之在这里又一次表明了他的志趣和生活态度：在万物中，只有一个“新”字才能适应我。

大家在“流觞曲水”活动中饮酒赋诗，一个个兴高采烈，举止也有些放荡。要不是兰亭长吏来请他们去吃饭，这42人真不知要闹到什么时候才能完呢!

中饭以后，42人暂在祠中小息。这时，有人提出：

刚才“流觞曲水”之作，何不抄录出来，供众人鉴赏品评，以助雅兴？王羲之觉得极是，就吩咐书童取来笔墨纸砚，按赋诗人的官职和年龄辈分大小，依次把刚才所赋成的诗作抄录在纸上，然后把诗作一一挂在墙上。大家读着墙上的诗，你一言，我一语，祠堂里很快又热闹起来。

这时，又有人提议道：“诸位，今日兰亭雅会，实属学界盛事，兴味可谓空前。愚意以为，刚才各位所作诗赋，都已把这次集会盛况形之于笔墨，可谓诗中有情，诗中有景，情景交融。唯独这所有诗赋，尚缺一提纲挈领的统帅作品，详细记载今日之盛况，抒发我等极乐之胸怀。我等何不推选一位才人来抒写一篇序言式的文章，统率以下各诗，不知诸位尊意如何？”

大家一齐称妙。但是，推选谁来写最合适呢？这个人不但要文章做得好，而且字要写得好。郗昙正想找个执笔人时，谢安就说："你不就是这样的人才吗？"郗昙一边谦让，一边顺势推选谢安："我是决不敢当的。我只能写几个草书，更没有写过长篇的东西。我看还是你的字好，正草行书都擅长，而且诗文水平又是那么高。我看你来写最合适。"

谢安也推辞。他机警地发现王羲之父子坐在一边，默默地听着大家议论，于是就说道："郗兄之言甚是。兰亭盛会举世难得，小弟有幸理该作文写序。只是这次盛会的发起人乃是右军将军王羲之阁下，小弟只是奉陪。再说弟的书法近来虽然略有长进，但都是学右军将军的真书的结果。要说字写得好，那右军才称得上是首屈一指、举世无双的哩！右军诗文书画件件精通，我提议请右军来执笔写一篇《兰亭序》，诸位尊意如何？"

众人听了，觉得谢安说得很有道理，齐声叫好，纷纷说："谢兄之言有理，就劳驾羲之兄一挥大笔吧！"

王羲之正是酒酣之时，兴致极高，听了大伙的提议，也不推辞，吩咐书童拿来文房四宝。众人有的忙着磨墨，有的帮着松笔，大多数则是远远近近地站着，看右军怎样添墨，怎样起笔，怎样收笔。只见王羲之摊好尺把长的一张蚕茧纸，伸手拿过一支鼠须笔，稍做沉思，然后把纸从头到尾打量一下，接着，就挥毫书写起序来。众人一看，见王羲之精神饱满，满面红光，笔锋所到，玉石为开；一个一个字写出，一行一行字写出，就像山泉流淌，曲折自然，清澈有声，真是笔笔见功夫，笔笔见性情。那上面写的是：

永和九年，岁在癸丑，暮春之初，会于会稽山阴之兰亭修禊事也。群贤毕至，少长咸集。此地有崇山峻岭，茂林修竹，又有清流激湍，映带左右。引以为流觞曲水，列坐其次。虽无丝竹管弦之盛，一觞一咏，亦足以畅叙幽情。是日也，天朗气清，惠风和畅，……

不大一会工夫，众人好像只是眨了几眼，王羲之便把《兰亭序》写好啦！

"好极，好极！右军的《兰亭序》文美字更美，写得真是好极！"大家看了，个个赞叹不已。书童随即把《兰亭序》挂在墙壁上，大家看了更是啧啧称赞不止：美文妙字，妙字美文！

王羲之听了大家的称赞，以为不过是一些客套话而已，自己的书法作品哪有那么好？始料不及的是，等到自己到壁前仔细一看，不觉大吃一惊，眼睛也为之一亮：自己从来没有写出过这么满意的作品啊！所谓"龙跳天

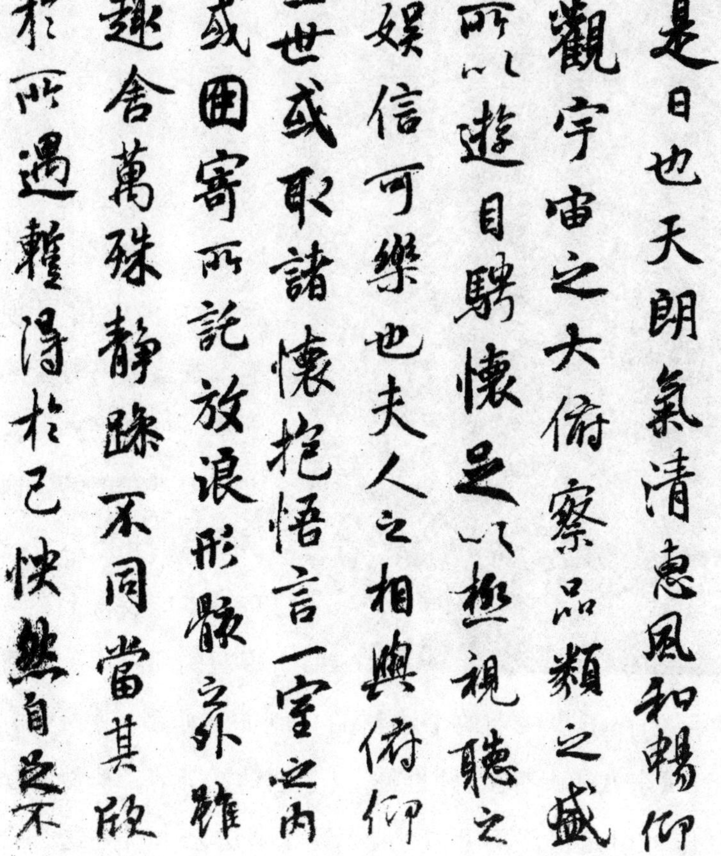

是日也天朗氣清惠風和暢仰
觀宇宙之大俯察品類之盛
所以遊目騁懷足以極視聽之
娛信可樂也夫人之相與俯仰
一世或取諸懷抱悟言一室之内
或因寄所託放浪形骸之外雖
趣舍萬殊靜躁不同當其欣
於所遇暫得於己快然自足不

王羲之　兰亭序

门，虎卧凤阁”，所谓“龙飞凤舞，铁划银钩”，所谓“形美神丰，矫健拔挺”，这些近于玄虚的赞词，实在都不足以形容《兰亭序》的书法之美呀！王羲之只觉得自己的理想志趣、人生追求，以及兰亭盛会的美好景观，在笔下流泻出来的点画线条中都融为一体了。后代有的人说王羲之挥笔书写《兰亭序》，“其时殆有神助”，这几乎是一局蹟當時亾於無并而已哉夫無并者非樂生之所屑彊燕而癈道又非樂生之所求也不屑苟得則心無近事不求小成斯意兼天下者也則舉齊之事所以運其機而動四海也夫討齊以明燕主之義此兵不興於為利矣圍城而害不加於百姓此仁心著於遐邇矣舉國不謀其功除暴不以威力此至德全於天下矣邁全德以率列國則幾於湯

乐毅论

种接近神化的描写了。

王羲之自己对《兰亭序》感到非常满意，自然也就十分珍惜。回到家里以后，他仍旧用鼠须笔、蚕茧纸书写了几十本《兰亭序》的复本，但不知怎的，这后来写的几十本，没有一本能及得上在兰亭写的那一本。王羲之还创作了一些别的书法作品，例如《乐毅论》《黄庭经》《东方朔画赞》《姨母帖》《十七帖》等等，虽然都是名作，但是都比不上《兰亭序》。书法艺术就是这么奇怪，刻意写好，常难以写好；心态超脱反可能写好；如果书法风格和书写时的心态正好吻合于“自然”“心”与“书”水乳交融，那么，就能取得意想不到的成功。《兰亭序》就显示了书法大家任意挥洒皆成逸趣的非凡气度和艺术功力，而这些，在其他书家作品里是从来没有看到过的。

这样说来，《兰亭序》不但是空前杰出的书法艺术佳作，也是后代不可多得的千古奇作，是公认的书法神品，历来被认为是魏晋风度的代表：布局完美，结构精巧，点画富于变化，重字俱构别体，笔法清新俊逸，骨力寓于姿媚之中，自然中又蕴含匠心。内擫的笔势，遒丽的线条，以及圆融中和的体态，使得《兰亭序》一帖的风貌意蕴和文中所描写的人际关系、自然美景，达到了贴切入微、完美和谐的统一。“字如其人”，王羲之认真、热情、潇洒、飘逸、博学、多才的灵性以及当时的心绪

上有黃庭下有關元前有幽闕後有
吸廬外出入丹田審能行之可長存
黃庭中人衣朱衣門壯蘥蓋兩扉
幽闕俠之高巍丹田之中精氣微玉
池清水水上生肥靈根堅志不衰
中池有士服赤朱橫下三寸神所居
距重閑之務脩治玄廱氣管受
符急固子精以自持宅宅中常衣
墨女书於戊子年正月初二

王羲之《黄庭经》

情感，都从字迹中自然地流露出来。后代有人认为王羲之的书法艺术成就有四大特点：一是兼取众美，创造新体；二是笔力遒劲，神韵飘逸；三是万字不同，变幻莫测；四是变化统一，尽善尽美。我们细细欣赏《兰亭序》，确实是能够领会到这些妙处的。

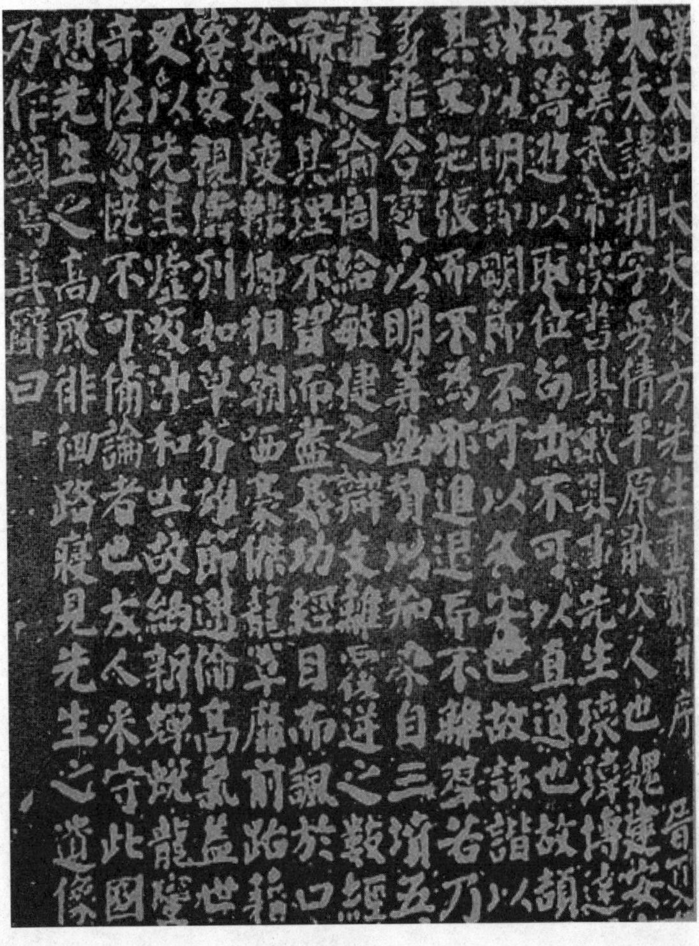

东方朔画赞碑

题扇桥

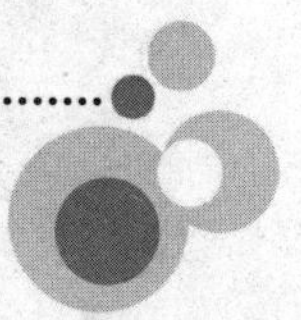

这一年，“书圣”王羲之住在会稽的蕺山下。初夏一天的傍晚，天气炎热，王羲之走出家门，慢慢地向一座古老的石桥走出。他走上石桥举目四望，只见酒帘飘飘，炊烟袅袅；再看桥下，行船只只，款乃之声不绝于耳。王羲之看到这般景色，心里好不高兴。

正待下桥之时，王羲之忽见前面有一个扶杖提篮的老婆婆，脸带愁容，脚步沉重，边走边喊：“谁要扇子!谁要扇子!”老婆婆的篮子里有十几把六角竹扇，这扇子是用很细薄的竹篾编制成的，很是精巧，可是买扇的人一个也没有。王羲之微微一笑，当即回转身，去家中取了笔墨，走到卖扇的老婆婆身边，二话不说，拿起扇子就“唰唰”地写了起来，写了一把又一把。每把扇子上写五个字，还没等老婆婆愣过神来，那一篮子的六角竹扇已经全部写完了。

卖扇老婆婆见一个陌生人在自己的扇子上乱涂乱写，心里一下就上火了，怨恨地向王羲之说："我的扇子本来就不好卖，你这一涂，我的扇子不是就更加卖不出去了吗？"

王羲之笑吟吟地对老婆婆说："你放心吧!你只要说这扇子上的字是王右军写的，就会有人来买了。唉，对了，你不要卖得太便宜，要卖个好价钱。"

老婆婆半信半疑地向闹市走去，边走边喊："这扇子上有王右军的题字，谁要买啊！"立刻有好几个人围拢过来；又过一会儿，人聚得越来越多。人们仔细欣赏竹扇上的题字，一个个称赞不已，许多人愿意出高价购买。不大一会儿工夫，这一篮子的六角竹扇被人们争购一空。老婆婆拿了钱高高兴兴地回家，从心底里感激为她题字的那位王右军。她怎么也想不到，王右军随便涂写的几个字，竟然会这样被人们看重，竟然会这样值钱。

过了几天，王羲之有事到府里去，又在石桥上遇到了卖扇老婆婆。老婆婆感激他的帮助，还再三纠缠，请他在一大堆扇子上题字。这时，王羲之没有写字的兴致，推说身体欠佳，事情繁忙，婉言谢绝了。以后，王羲之每到府里去处理公务，或者傍晚出来散步时，为了避免和卖扇老婆婆碰面，就很少再走这座石桥。有几次，他远远看见老婆婆走来，就绕小路行走，来躲避老婆婆的纠缠。

现在，绍兴市内蕺山附近有座“题扇桥”，传说就是书圣当年为老婆婆题扇的地方。过去桥上还竖过一块“右军题扇处”的石碑，桥名也就是这样来的。在题扇桥的附近有一条小弄，叫作“躲婆弄”，传说就是当年王羲之为了避免卖扇老婆婆的纠缠而常常绕道躲避的小弄堂呢!

右军题扇

入木三分

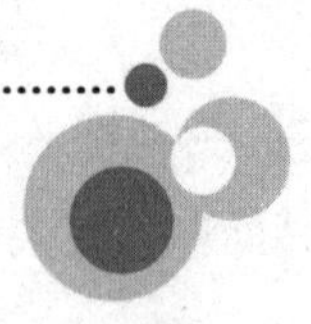

王羲之在会稽任右军将军时，经常到山乡民间察访，了解老百姓的生活生产状况，顺便回访一些文友。

这一天，王羲之来到平水一个山村，探望显圣寺里的一位老和尚。那老和尚平时常到王羲之家中走动，两人谈禅说经，吟诗作画，情同兄弟，甚为投机。老和尚正在村头募化，见右军骑着驴子从山阴道上赶来，不禁喜出望外，当即把他迎到寺里。

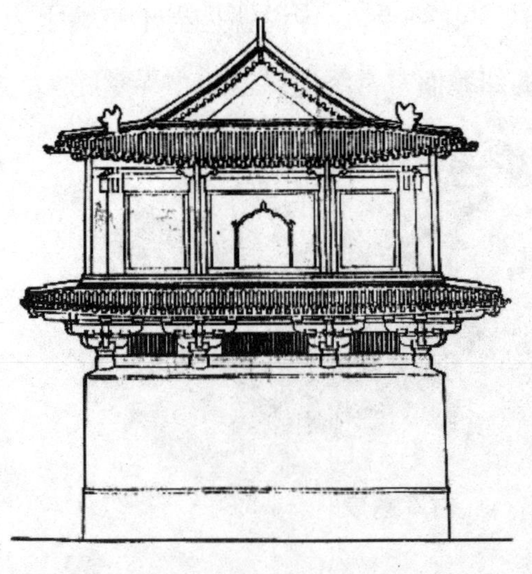
开元寺钟楼

“右军将军这次光临鄙寺，贫僧深感荣幸。

不知将军这次到寺是路过，还是特到？”老和尚问。

能仁寺

“特地到此。一来想回访几位知交好友，二来因久居城里，想到乡下来走走，呼吸呼吸新鲜空气。”

老和尚非常高兴，说：“右军超逸尘寰，见多识广，此番来寺，还望多多指教。”

“岂敢岂敢！羲之到此，无非是随便坐坐，并没有什么要事。不过，我是‘兴至而来’，也要‘兴尽而返’吧！”

两人在方丈中坐定，谈着谈着，自然就谈起了寺庙的事。王羲之说了城内的大善寺、开元寺、能仁寺香火很旺盛的情况后，问老和尚：“显圣寺情况如何？”老和尚听了，叹了一口气，就把显圣寺门庭冷落、募化所得也很少的情况说了。王羲之听了当即答应给寺里捐款五十金，老和尚高兴得说不出话来。

看老和尚那么高兴，王羲之却高兴不起来。他若有所思地对老和尚说："我这五十金实际上也是极有限的，至多只能给你增添点香火而已，不是长久之计，总得有个比较久远的办法才好呀！"

"右军说得很对，贫僧也在煞费苦心想办法呢！只是'深山藏古寺'，除了二月香市，这里的香宾实在是稀少呀！"老和尚说罢，摇摇脑袋，显出无可奈何的神态。

"此事说难也难，说容易恐怕也容易呀！"王羲之一边说，一边观赏着方丈斗室四旁的古画、书法。忽然，他一眼看到了右边屋角有一块一人头高的匾，已经刨光了表面，静静地站在屋角。他问老和尚："请问这块白匾是准备作什么用的呀？"

老和尚有些不好意思地说："想给小寺写个寺名，别无他意。"

"那我可以一试吗？"王羲之兴奋地说。

"当然可以。"老和尚脸上泛起了笑容。"右军的书法冠及古今，形神独到，如能为小寺挥一妙笔，当是小寺大幸之事了。"

老和尚立即吩咐小僧拿来笔、墨、砚，自己加水，亲自研起墨来。不到片刻，墨已磨浓。王羲之把袖子稍往上提一提，饱蘸了墨水，然后，把这块白匾上下左右打量了一下，接着就挥笔疾书起来。老和尚刚移过身来观摩，只见这块白木匾上"显圣禅寺"四个大字，已经

雕刻牌匾

牢牢地嵌在板上啦！浓浓的墨汁，一下子就干了。

当夜，王羲之和老和尚下了一回棋，又谈古论今、谈禅说经了一阵，两人都很高兴。第二天清晨，王羲之告别老和尚离寺而去。上午，老和尚请来了木工巧匠雕刻这块白木匾。

雕刻这块白木匾，是把“显圣禅寺”四字突现出来，把其余的木头雕低。那位木匠拿起刻刀一刻、二刻、三刻……突然，他被这块已经写过字的白木匾惊呆了。他停止了雕刻，怔怔地站在那里，一动也不动了。小和尚见了，就跑过去问：“师傅，怎么啦?”

木匠用刻刀指一指木匾上的字，惊异地说：“你看，

香火旺盛

这匾上写的字，真是笔力遒劲功夫独深啊！我已经雕刻了30年，还没有见过刻深三分，但字的墨迹在三分深的地方仍然渗透着，多么有力呀！王右军的字真是笔深力厚、入木三分呀!”

老和尚赶来一瞧，见笔力果然精深，高兴得合不拢嘴。

第三天，老和尚把王羲之所写的“显圣禅寺”的寺牌高挂在寺的大门庭上。人们听说王羲之为显圣寺题了匾，一传十，十传百，越传越多，来显圣寺看匾的人也就越来越多，显圣寺的香火也就越来越盛。后来，显圣寺居然成了绍兴著名的大寺。

说王羲之写字入木三分的传说还有一个。据传，王

晋成帝司马衍

羲之曾书写祭北郊祝版(古代祭祀用以书写祝文之版)，晋成帝时需要更改祝文，请工人削去重新再写。工人削去三分厚，可是字仍然留在上面，所以就有了“入木三分”的说法。

当然，书法和绘画一样，是书写于平面之上的，容有上下左右的运动范围，而“入木三分”则显示了向垂直方向的伸展，这在事实上是难以实现的。但是，在人的感觉上，在艺术效果上，使字的笔画打破平面的局限而且有立体感是可以做到的。书法家用中锋写的字，背阳光一照，就会发现正中间有道黑线，黑线周围是淡墨，叫作“绵裹铁”，圆滚滚的，产生了立体的感觉。笔力越精深遒劲，笔道的立体感就越强。

王羲之写字笔力遒劲精深、“入木三分”的故事不仅代代相传，而且还成了一句成语，永远记载在字典、辞海和辞源中。

萧翼窃宝

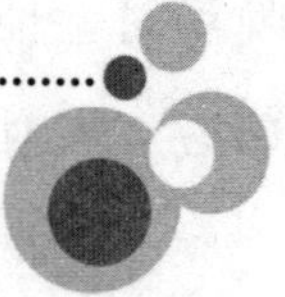

王羲之写的《兰亭序》，世人称为神品，自己看了也是十分得意，待要再写时却再也写不出来了。因此，王羲之对《兰亭序》小心收藏，特别珍惜。平时，他很少

王徽之

把《兰亭序》拿出来给人看，只是在节庆之日，或者是亲朋好友不远千里而来，才拿出来展示一下，然后又小心地收藏起来。

就这样，王羲之自己把《兰亭序》珍藏了20多年。晚年时，他把《兰亭序》的真本交给了第三个儿子徽之珍藏，嘱咐他要像传家宝一样一代一代地传下去。

《兰亭序》一传传了七代，传到了王羲之的七代孙智永的手里。智永是王徽之的后代，出家做了和尚，俗号为“永禅师”。他的哥哥王孝宾也出家，俗号“惠欣禅师”。智永继承了祖传右军笔法，闭门习书，精心练字，

退笔冢

写坏的笔头装满了5只竹篓，后又堆成一个坟堆，叫“退笔冢”。智永练字功夫很深，妙传家法，成为隋唐一代大师。智永年寿很高，将近100岁时才圆寂。临终前，他留下遗书，并把《兰亭序》的真迹亲手交给弟子辩才和尚保存珍藏。

辩才姓袁，原是梁司空昂的玄孙，博学多才，琴棋书画件件皆妙。他学习智永禅师的书法，到了几乎可以乱真的地步。他在和尚寺的方丈梁上，悄悄地凿了一个暗槛，把智永禅师单传的《兰亭序》悄悄地藏在里面，从不透露半点风声。那种珍爱的精神，甚至超过了当年的智永禅师。

岁月流逝，到了唐朝贞观中朝，唐太宗李世民治国成功，国运昌盛，天下太平。李世民非常喜爱王羲之的书法，到了推崇备至的程度。李世民提出，从古以来，书法真正称得上尽善尽美的，只有王羲之一个人。他还感叹道：“其余区区之类，何足论哉！”正因为如此，他经常临写右军真草书帖，还到处重金购买王羲之的真迹。那时候，离王羲之去世不过两百多年，流传在社会上的王羲之的手迹还真不少，当时被唐太宗征集到的羲之手迹就有3600多张。唐太宗命人以一丈二尺长的轴子，装裱成150幅，常常临摹、默读，有时半夜里睡觉醒了，也要起床临写一阵，真是到了爱不释手的地步。遗憾的是，许多真迹都征集到了，就是《兰亭序》的真迹始终没有搞到。李世民常常以此作为自己当皇帝以来最大的憾事。

后来，在魏征、虞世南、褚遂良等大臣们的努力下，终于弄清了王羲之后裔的传代情况，并在永欣寺里找到了辩才和尚。唐太宗下旨把辩才召入京师，优厚相待，并派大臣向他打听《兰亭序》的下落。辩才和尚淡淡地对他们说："众位想找《兰亭序》真迹，此事本极容易。贫僧从前侍奉先师时，确实亲眼看见过。只是自从永禅大师圆寂之后，历经多次丧乱，这一真迹就不复见，大约是毁于兵火之中了。"

大臣们一听，火热的心顿时冷了半截。他们心里明白，求得一般的墨宝也非易事，更何况是"书圣"的平生得意之杰作呢？别的事也许靠"圣旨"可以办成，这事是强求不得的。禀过唐太宗以后，他们只好把辩才送回永欣寺里。

辩才和尚离开京城以后，大臣们怎肯心甘？经过反复揣摩，他们再次断定《兰亭序》的真迹一定还在辩才手里。于是，皇帝的圣旨又把辩才召入京师细问。就这样，辩才被三次召入宫内细问，但答案仍旧只有一个：《兰亭序》早已不知去向。大臣们大眼瞪小眼，一点办法也没有。

唐太宗

找不到《兰亭序》，大臣们作罢，唐太宗李世民可不作罢，朝思暮想，总想把它弄到手。一天，唐太宗召集群臣议事，又把话题转到了《兰亭序》上。他对大臣们说："右军书法是朕最偏爱的稀世之珍，他的作品又以《兰亭序》为最胜。朕为了求得它，真是日思夜想啊！昨晚我忽然想到，辩才这老僧既已年老，又无后代可传。如果有一位智略之士设计一条妙计诱取，那么，十有八九会成功的。"

大臣房玄龄听了附和说："皇上所言甚是。臣听说梁元帝的曾孙、监察御史萧翼善于谋划，多才多艺，如能应诏，或许可以充当那样的智略之士。不知皇上意下如何？"

唐太宗大喜，即刻下诏把萧翼宣旨入宫，把智取《兰亭序》的意思告诉他。萧翼很愿意干这件事，领旨后说："此事臣当竭力效劳。只是如果公开派人去取宝，肯定难以成功。臣请求允许我以私人的身份去和他交朋友，还希望先给我二王（王羲之、王献之）杂贴三四种，以便办成此事。"太宗一一依允。

萧翼穿了便服到了湘潭，又乘着一只商船来到了越州，在傍晚时分来到永欣寺投宿。萧翼入寺后，仔细观看了壁间的绘画，然后在辩才的院庭里停止了脚步。辩才见了客人，就问道："这位客官今日从何而来？"萧翼

职贡图

回答道："弟子是北方人，现在是到越州来出卖少数蚕种，因笃信释教，每到一个寺院，总少不了要端详一番。今日适遇禅师，实在是三生有幸。"两人寒暄一通，话语投机。辩才就把萧翼请入房内，两人弹琴下棋，谈文说史，一见如故。当晚，辩才留萧翼住在寺里，殷勤招待。酒酣之后，两人赋诗吟唱，兴高采烈，更加亲热，直恨相见相知得太晚，直到尽欢而睡。

次日，萧翼装成急匆匆的样子，一早就向老和尚告别。辩才依依不舍地说："你有便要经常来呀！"萧翼点点头。以后，萧翼就常常从城里带来老酒，两人饮酒赋诗，关系更加亲密了。

一天，萧翼与辩才谈论起诗画来，顺手出示自己师事梁元帝自画的《职贡图》一幅，辩才慧眼识货，看了禁不住嗟叹不止。萧翼接着又说："弟子的师父，原来都传得了二王的楷法，我从小喜欢临摹，今日也有几帖带来，禅师要看吗？"辩才急忙说："那你快把它带来给我看吧。"萧翼当即拿出二王的几本帖子给辩才细看。辩才精熟二王书法，知道这是真迹。但他并没有感到惊异，只是笑着说："这肯定是王右军的真迹。只是，这几件还不是王右军最得意的作品。贫僧倒有一真迹保存着，那可真是不寻常的作品呀！"萧翼连忙问："那是本什么帖呀？"辩才说："《兰亭序》。"萧翼听了，心中暗喜，假装好笑的样子说："战乱了不少时日，难道还有什么真迹吗？要是有，我看也是伪作罢了。"辩才说："禅师临终的时候把《兰亭序》亲手交给我保存流传。你若不信，明天可以到我这里来看。"

第二天，萧翼跟平常一样来到了寺里。辩才小心地从梁上槛内取出《兰亭序》真本，亲手交给萧翼看。萧翼见了，故意装出一副不相信的模样，指指点点地说："你看，这书卷到处留着纰漏，王右军的真迹会是这样的吗？果然是伪作。"接着，两人辩论起来，谁也不服谁。之后，辩才就不再把《兰亭序》真迹放在梁槛上，把它和萧翼拿的几本二王书帖一起放在茶几和香案的中间。

萧翼赚兰亭图

有一天，辩才到灵汜桥南严迁的家斋里去，萧翼乘机来到禅房，对一名门徒说："我有一卷书帛遗忘在茶几和香案中间，特来拿取。"那门徒毫不怀疑，当即大开正门。萧翼进门后，赶快拿了《兰亭序》真迹，又取回二王书帖。萧翼离寺后赶到了永安驿，当即出示圣旨，要驿长叫都督。越州都督善行赶来见萧翼后，萧翼让他把辩才和尚找来。当时辩才还在严迁的家里，差役对他说："有御史要召见你。"辩才听了，急忙前往拜见。

辩才拜见御史时，抬头一看，不是别人，正是自己新交的好朋友萧翼！这时，萧翼朗声说道："臣奉遣特来取《兰亭序》真迹，今日终于得到，因此差人请你前来见面，顺便向你告别。"

辩才已是八十多岁高龄，听了萧翼的话，知道《兰亭序》已失，气得当场晕厥过去，过了几年就死了。

再说萧翼赶回京城把《兰亭序》真迹献给唐太宗以后，太宗大喜，立即以金银珠宝、马匹庄宅重赏房延龄、萧翼等人，还把萧翼提升为员外郎。

唐太宗自从得到了《兰亭序》真迹后，喜出望外，当即命供奉拓书人赵模、韩道政、冯承素、诸葛贞四人各拓数本，分别赐给皇太子以及诸王近臣。这种本叫作“双钩填墨本”，在后代也是价值连城的。唐太宗又叫当时大书法家临摹了许多本子，褚遂良、欧阳询临摹的最佳，称为“神龙本”和“定武本”。

唐太宗临死前对他的孩子说：“我人寿将尽，别无所求。我百年之日，只求把《兰亭序》真迹一起和我殉葬，我也就心满意足了。”唐太宗死后，《兰亭序》的真迹就和他一起葬进了坟墓。从此，“天下第一行书”《兰亭序》的真迹再也不为世人所见了。我们现在看到的《兰亭序》书帖，都是唐代人的临摹本，其中冯承素的钩摹本被公认为书法神品。唐代自欧阳询、虞世南、诸遂良开始，大凡书法名家，几乎没有不临《兰亭序》的。

浣纱石题字

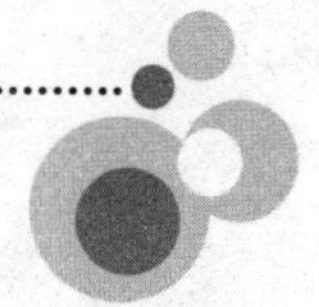

我们知道，东晋时候，外强奋起争霸，异族屡屡进犯中原，以致战火遍地，河山破碎，人民流离失所，苦不堪言。而当权者昏庸无能，对外卑躬屈膝，朝廷内却依旧歌舞升平，过着骄奢淫逸的生活。

当时王羲之官任右将军、会稽内史。他看到祖国的锦绣河山任人蹂躏，国破家亡，民不聊生，心中十分悲愤。他决定前去重访西施故乡——蒙萝山，以缅怀卧薪尝胆、报仇雪耻旧事，抒发忧国忧民的无限感慨。

这一天，王羲之来到了诸暨城里。春天的日子长，行走一天，不觉人疲马乏，便在一个客栈中住了下来。晚上，为了消除疲劳，聊解胸中郁闷，就喝起酒来。喝了几杯酒，似乎已有几分醉意，王羲之就踱出店门，信步走到城南的一条大溪边，在一块大岩石上坐了下来。那溪不算太大，但也有几十丈宽，一阵风吹来，凉爽而

舒适。他头枕在手上，仰望苍天，见已有不少星斗，不禁喟然叹息道：“呜呼!‘江边空余浣纱石，夕阳不见浣纱人。’吾面临国破家亡之时，皇上昏聩不明，臣民漠然置之，爱国之人，谁不心伤？往昔之西施如今又何在呢?”他正轻轻地叹息着，忽见眼前的月光下有人还在浣纱，那人竟然飘到溪边的一块大岩壁上，慢慢坐了下来。王羲之定睛一看，原来是一位浣纱少女，亭亭玉立其上。浣纱少女妩媚清秀，婀娜多姿，窈窕无比，精妙无比，

浣沙石

真是一位绝代佳人！王羲之若有所悟，赶忙向前施礼，轻轻地问道："小生有礼了。恕我冒昧，此处可有西施娘娘庙？足下可是西施娘娘乎？"

那美女听了莞尔一笑，连连点头回答说："正是。小女今晚也是到溪边小憩来的。刚才我听到了你的这番话，知道你是个爱国有为之人。听人说会稽王右军今日来到诸暨，你莫非是王右军乎？又为何在此长吁短叹呢？"

王羲之连忙说："下官正是会稽内史王右军。"接着又将自己的心事告诉给西施娘娘。西施听了，长叹一声，说："你与我相隔800年，但同样是生于忧患，死于安乐。为了不重蹈历史覆辙，你准备怎么办呢？"

王羲之赶紧说："娘娘的话极是，只是下官确实想不出好的办法。今日有缘相见，恕我向娘娘讨教，我该如何去劝谏朝廷、拯救百姓、挽救危亡的祖国呢？"说完，王羲之走向前去要施行大礼，准备恭听西施娘娘的教诲。不想西施身子一歪，竟从石头上滑了下去。王羲之心中一惊，醒了过来，环顾四周，发现那美女早已无影无踪，自己却依然坐在溪边的岩石上。原来，刚才做了一个梦。美女不见了，梦中见到的西施坐过的这块大岩壁，却永远留在溪边了。这莫非是真的，还是在做梦？王羲之沉思良久，真是有点儿分不清了。

王羲之回到客栈以后，夜不成寐，对着月光，左思右想。他忽然心里一亮，想道：西施“浣纱”，这不是最合适的地方吗？人生应该像浣纱女一样美好，心灵应该像浣过的纱一样洁净。西施的爱国精神，如浣纱石一样万古长存！如此一想，只觉有一股豪勇之气充满心头。

第二天清晨，王羲之早早来到溪边。他祭过西施庙，带着笔墨来到昨晚见过的那块大岩壁边。他面对岩壁，凝神片刻，然后浓墨饱蘸，运气挥毫，在岩壁上写下两个遒劲有力、浑厚隽秀的大字：浣纱。写完字，他毕恭毕敬地站在江边，把酒洒在地上，面朝大江，施了礼仪，发誓道：“西施娘娘有灵，下官王羲之定将学娘娘的样子，终身以‘浣纱’自勉自励，让天下人永远不忘亡国之病，灭国之恨。我一定尽我的能力，就是书法，也要为国竞雄。身为越国后裔，一定为越国争光!”

后来，人们很快发现了岩壁上写有“浣纱”。二字，就请石匠把它刻在岩壁上了。

奇特的传艺方法

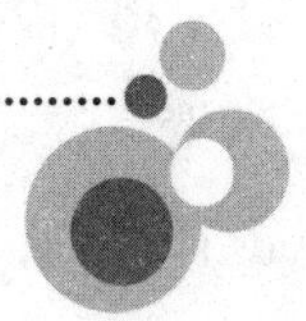

王羲之在世时的书法名气很大，向他求教书法艺术的人很多。但是，王羲之平时从不轻易传艺。只有当确认对方是个有心人，同时也只有当自己兴致很浓的时候，才出其不意地给予暗示和启发，传艺的方法是很奇特的。

有一次，王羲之到一个门生家里去做客。那个门生当时不在家，王羲之就在门生的书房里坐了下来。他看到屋里有一张香榧木做的茶几，放在书房中间。香榧是绍兴、诸暨一带的特产，而香榧木长得大，不仅木质硬度好，而且色泽好，因此常常用来做大的家具如桌面、茶几面等。王羲之见这只茶几面又光又平，正是写字的好地方。他看看四下无人，突然兴致大发，就随手提起笔来，在茶几上“唰唰”地写了一通。那门生的父亲是个缺少知识的人，见王羲之提笔在那么好的茶几上提笔乱涂，心疼得不得了，以为是糟蹋了他家的茶几，但想

王羲之根雕像

到儿子在王羲之那儿学字，就不好意思出面阻止，有气也只好往肚子里咽。等到王羲之写完字走后，他就气呼呼地把写在茶几上的字一个不留地擦掉了。

第二天，王羲之的门生回家了，他的父亲就告诉了王羲之在茶几上乱舞笔墨的事情。不料，他儿子听了捶胸顿足，感到非常惋惜，一直难过了好几天。父亲奇怪地问："你难过什么呢?"他说："王羲之是当今大书法家，他的墨迹是珍宝，平时不肯随便写字。我向他求师开始怎么也不答应，后来我花了九牛二虎之力才好不容易把我收留下来。如今他亲临我家，把字写在茶几上，不就是给我留下真迹，要我天天看字、日日摹写吗?这正是他教门生的一种好方法，在别的地方还不肯随便传艺呢！你怎么可以随便把他的字擦掉呢?"他的父亲听了，恍然大悟，连连顿足道："可惜！可惜！怪我！怪我!"

无独有偶，王羲之的儿子王献之的传艺方法也是这样。王献之与父亲都是晋代大书法家，人称"二王"，因此王献之的学生也很多。有一年的夏天，王献之去看他的学生羊欣。羊欣家里的人见师父来访，不敢怠慢，就要立刻去通报羊欣。这时，献之摇摇手，叫家童不要进去通报。说罢，他自己一个人走进羊欣的卧室。羊欣这时正倒在床上呼呼地睡午觉。献之见羊欣睡得很熟，身上穿着一件新的绸子衣服，突然间来了兴致。说时迟，那时快，王献之随手拿起桌上的毛笔，蘸蘸墨，就在羊欣的身上“唰唰”地写了起来，羊欣一下被弄醒了。他睁眼一看，原来是师父正兴致勃勃地在自己的身上写字呢！羊欣很聪明，立即闭上眼睛，假装睡觉的样子，一直让师父把字写完为止。献之写完字以后，并不叫醒羊欣，把笔往桌上一搁，就回家去了。

羊欣等师父走后，马上翻身坐起，脱下绸衣服。他看到绸衣上的几幅字，如获至宝，高兴得像发了疯一样。原来，羊欣早就知道王献之跟他父亲一样，平时不肯随便题字，今日到他家，又写了这么多的字，这正是师父对自己的栽培啊！这种机遇是可遇不可求的呀！于是，羊欣照着衣服上的字摹写了几百本，直到脑子里融会贯通，不看绸衣也能照样写成。从此，他的书法进步更快了。后来，羊欣终于也成为一个有名的书法家。当时人们流传着这么一句话：“买王得羊，不失所望。”意思是说，羊欣的字非常接近王献之，即使受骗上当，把羊欣的字当作王献之的字买去了，也不算太吃亏，可见羊欣的书法水平着实不错呀!

“二王”传艺的方式现在看起来似乎很离奇，但也是有道理的。学习书法，需要长期刻苦钻研的精神和很好的悟性，投机取巧或者贪图捷径是学不成的。因此，他们不肯轻易传艺，偶然传艺也是出其不意地给予暗示和启发，使真正想求艺的人获得深刻的印象，从中学到书法艺术的要领，更加刻苦地练，更加认真地悟，学到真正的本领。书圣传授书法艺术的方法，离奇虽然离奇，但是还真是很有道理呢！

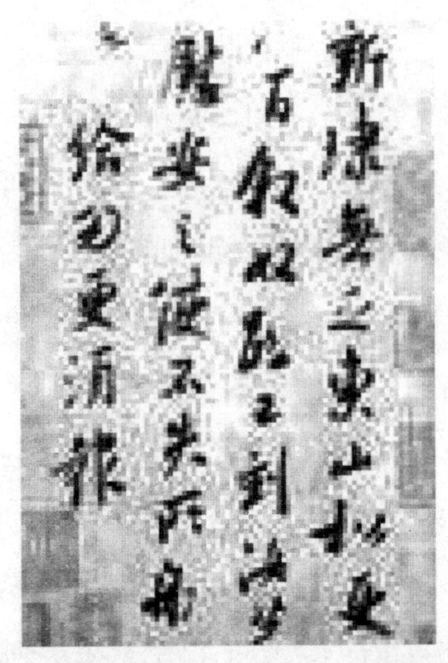

羊欣书法

王羲之吃饺子

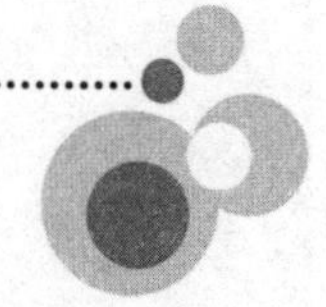

一天，王羲之路过集市，见一家饺子铺门口，人声喧嚷，热闹非常。尤其是门旁的那两副对联，分外惹人注目，上面写着“经此过不去，知味且常来”十个字，横匾上写的是“鸭儿饺子铺”。但是字却写得呆板无力，缺少功夫。

王羲之看罢，心中暗想：这样的赖字，也配写匾？又一琢磨：“经此过不去，知味且常来”。好家伙！这里到底是什么人的买卖，竟能如此夸口？

走近一瞧，见铺内有口开水大锅，设在一道矮墙旁边。包好的白面饺子，好似一只只白色的小鸟，一个接一个地越墙飞来，不偏不倚正好落入滚沸的大锅。一锅下满，不用招呼，“小鸟”就停飞了。等到这锅饺子煮好，捞完，“小鸟”又排队一样飞来，准确无误。

王羲之十分惊奇，就顺手掏出一些散碎银两，要了

王羲之为饺子馆题字

一大碗饺子，然后坐下。这时他才发现，饺子个个玲珑精巧，好像浮水嬉戏的鸭儿，真是巧夺天工的奇货！他用筷子将饺子夹起，慢慢地送到嘴边，轻轻地咬了一口。顿时，清香扑鼻，鲜美满口。不知不觉间，把那一大碗饺子，全吞到了肚里。

一顿饱餐之后，王羲之对自己说：这鸭儿饺子果然不错！只是门口那副对联的字写得太差，与这美味饺子实在不能相配，我王羲之何不乘此机会为他们另写一副对联，也不辜负我来此一场——想到这里，他便问店伙计："请问店主人在哪里？"

店伙计用手指着矮墙说："回相公，店主人就在墙后。"

王羲之绕过矮墙，见一白发老太婆坐在面板之前，一个人擀饺子皮，又包饺子馅，转眼即成，动作麻利极了。更令人惊奇的是，包完之后，白发老太婆便随手将饺子向矮墙那边抛去，鸭儿饺子便一个一个依次越墙而过。

老人的高超技艺，使王羲之惊叹不止。他赶忙上前问道："老人家，像您这深的功夫，多长时间才能练成？"老人答道："不瞒你说，熟练需五十年，深熟需一生。"

听了这话，王羲之沉默了一会，好像在品尝这句话的滋味。然后又问："您的手艺这样高超，为什么门口的对子，不请人写得好一点呢?”

老人气鼓鼓地说：“相公有所不知，并非老身不愿意请，只是不好请啊！有的人写字刚有了点名气，就眼睛向上，哪里肯为我们老百姓写字。其实，照我看，他们写字的功夫，还不如我这扔饺子的功夫深呢！”老人的话不一定是指王羲之，可是王羲之听了，觉得脸上火辣辣的，羞愧难当。于是，他特意写了一副对联，恭恭敬敬地送给了这位老人。

王羲之吃墨

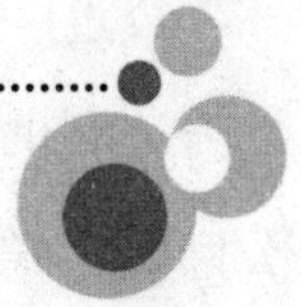

王羲之小的时候，练字十分刻苦。据说他练字用坏的毛笔，堆在一起成了一座小山，人们叫它“笔山”。他家的旁边有一个小水池，他常在这水池里洗毛笔和砚台，后来小水池的水都变黑了，人们就把这个小水池叫作“墨池”。

长大以后，王羲之的字写得相当好了，还是坚持每天练字。有一天，他聚精会神地在书房练字，连吃饭都忘了。丫环送来了他最爱吃的蒜泥和馍馍，催着他吃，他好像没有听见一样还是埋头写字。丫环没有办法，只好去告诉他的夫人。夫人和丫环来到书房的时候，看见王羲之正拿着一个沾满墨汁的馍馍往嘴里送，弄得满嘴乌黑。她们忍不住笑出了声。原来，王羲之边吃边练字，眼睛还看着字的时候，错把墨汁当成蒜泥蘸了。

夫人心疼地对王羲之说：“你要保重身体呀！你的字

写得很好了，为什么还要这样苦练呢？”

王羲之抬起头，回答说：“我的字虽然写得不错，可那都是学习前人的写法。我要有自己的写法，自成一体，那就非下苦功夫不可。”

经过一段时间的艰苦摸索，王羲之终于写出了一种妍美流利的新字体。大家都称赞他写的字像彩云那样轻松自如，像飞龙那样雄健有力，他也被公认为我国历史上杰出的书法家之一。

王羲之夫妇从严教子的故事

东晋著名书法家王羲之（321—379）的儿子王献之，从小受父亲的熏陶，爱好书法。他在父亲的指导下勤学苦练，几年后，他的字大有进步，很多人都夸他写得好。在一片赞扬声中，王献之以为自己的字和父亲的字不相上下了，开始骄傲起来。一天，王羲之外出有事，临行时，随意在墙上题了一些字，让献之模仿。他走后，献之在旁边临摹了几回，自己觉得很像了，便把父亲写的字擦掉，留下了自己的。王羲之回来后，看到墙上的字，叹息道："大概我题这些字时醉得很厉害吧，不然怎么写得这样难看呢？"在旁边的献之听了，心里很不是滋味，但又很不服气。

几天之后，献之又模仿父亲的字样写了几行字，送到父亲书房。心想：这次父亲看到，一定会夸奖我的。谁知，王羲之看后，顺手拿起笔在一个"大"字下面加了一点，变成了“太”字，随即一言不发还给了献之。父亲平时对他要求很严。他一时弄不清父亲的意思，但又不敢多问，只好拿着去找母亲。母亲细细看了一遍，指着“太”字下面的一点说：“几行字，只有这一点像你父亲写的。”献之听了，像迎头浇了一盆冷水，有些灰心了。这时母亲耐心地对他说：“孩子，练习写字，必须下苦功夫。你父亲年轻的时候，先用四五年时间虚心临摹诸家的字样，把别人的特长融会贯通，然后才形成了自己的独特风格。”

献之听了母亲的教导，每天刻苦练字。几年后的一天，他趁父亲外出，又写了一幅字贴在墙上。王羲之回来一看，以为是自己写的，可想了半天也记不起是什么时候写的。一问，才知道出于儿子之手。这次他对着儿子笑了。

教子图

王羲之妙书春联

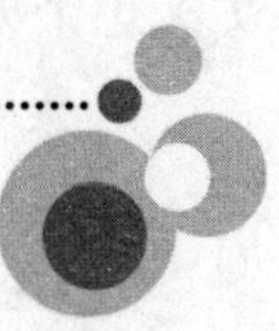

王羲之有一年从山东老家移居到浙江绍兴，此时正值年终岁尾，于是王羲之书写了一副春联，让家人贴在大门两侧。对联是：

“春风春雨春色，
新年新岁新景。”

可不料因为王羲之书法盖世，为时人所景仰，此联刚一贴出，即被人趁夜揭走。家人告诉王羲之后，王羲之也不生气，又提笔写了一副，让家人再贴出去。这副写的是：

“莺啼北星，
燕语南郊。”

谁知天明一看，又被人揭走了。可这天已是除夕，第二天就是大年初一，眼看左邻右舍家家户户门前都挂上了春联，唯独自己家门前空空落落，急得王夫人直催丈夫想个办法。

王羲之想了想，微微一笑，又提笔写了一副，写完后，让家人先将对联剪去一截，把上半截先张贴于门上：

“福无双至，
祸不单行。”

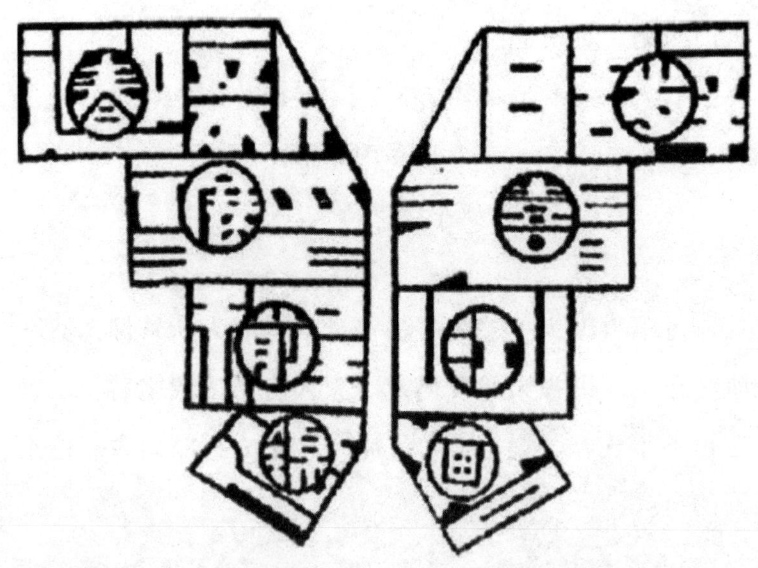

蝴蝶春联(智力画谜)

夜间果然又有人来偷揭。可在月色下一看，见这副对联写得太不吉利。尽管王羲之是书法名家，可也不能将这副充满凶险预言的对联取走张挂啊。来偷揭的人只好叹口气，又趁夜色溜走了。

初一早晨天刚亮，王羲之即亲自出门将昨天剪下的下半截分别贴好，此时已有不少人围观，大家一看，对联变成：

“福无双至今朝至，
祸不单行昨夜行。”

众人看了，齐声喝彩，拍掌称妙。

中华爱国人物故事
ZHONGHUA AIGUO RENWU GUSHI